国家出版基金项目
NATIONAL PUBLICATION FOUNDATION

“十二五”国家重点图书
出版规划项目

《东南亚研究》第二辑

# 新加坡经济社会地理

XINJIAPO JINGJI SHEHUI DILI

袁海燕　钟一鸣　编著

中国出版集团
世界图书出版公司

图书在版编目（CIP）数据

新加坡经济社会地理 / 衷海燕，钟一鸣编著. —广州：世界图书出版广东有限公司，2015.1
ISBN 978-7-5100-7521-6

Ⅰ. ①新… Ⅱ. ①衷… ②钟… Ⅲ. ①经济地理—新加坡 Ⅳ. ①F133.999

中国版本图书馆CIP数据核字（2015）第010000号

新加坡经济社会地理

项目策划：陈 岩
项目负责：卢家彬 刘正武
责任编辑：程 静 李嘉荟
出版发行：世界图书出版广东有限公司
（广州市新港西路大江冲25号 邮编：510300）
电　　话：020-84459579 84453623
http://www.gdst.com.cn E-mail：pub@gdst.com.cn
经　　销：各地新华书店
印　　刷：湛江南华印务有限公司
版　　次：2014年12月第1版
印　　次：2014年12月第1次印刷
开　　本：787mm × 1092mm 1/16
字　　数：160千
印　　张：10.25
ISBN 978-7-5100-7521-6/K·0281
定　　价：41.00元

# 总　序

东南亚（Southeast Asia）位于亚洲的东南部，分为中南半岛和马来群岛两大部分，包括位于中南半岛的越南、老挝、柬埔寨、泰国、缅甸和位于马来群岛的菲律宾、马来西亚、文莱、新加坡、印度尼西亚、东帝汶共11个国家。东南亚地处亚洲与大洋洲、太平洋与印度洋的“十字路口”。东南亚各国拥有丰富的自然资源和人力资源，为经济发展提供了良好的条件，形成了以季风水田农业和热带种植园为主的农业地域类型，但经济结构比较单一。20世纪60年代以来，东南亚各国大力发展外向型市场经济与国家宏观调控相结合的经济发展模式，一是大力发展制造业，二是扩大农矿产品的生产和出口，三是深化各个层面的区域经济合作，这使得东南亚成为当今世界经济发展最有活力和潜力的地区之一。

东南亚是中国的南邻，自古以来就是中国通向世界的必经之地。在历史上，绝大多数东南亚国家就与中国有友好往来，在政治、经济、文化上关系密切，中国人民和东南亚各国人民结下了深厚的友情。在未来的历史进程中，随着中国和东南亚国家经济建设的飞速发展和社会的进步，以中国—东盟自由贸易区为代表的双边和多边的友好合作关系也将进入一个不断发展，更加密切的历史时期。

作为一个地理范围广袤、地缘位置重要、人口众多、多样性突出的地区，东南亚各国的经济和社会发展也各具特色。在未来新的世界政治、经济格局中，东南亚在政治、经济上的作用和战略地位也将更加重要。而加强对东南亚国别和地区研究，特别是加强对东南亚经济社会的研究与交流，可以帮助中国人民加深对东南亚的理解。为此，云南大学东南亚研究所在相关高校和研究机构同仁的大力支持之下，与世界图书出版广东有限公司成功组织并申报了2014年国家出版基金项目——《东南亚研究》第二辑，本丛书即该项目的最终成果。

本丛书试图从经济地理学的角度，结合社会经济因素、自然因素和技术因素三要素，来研究东南亚国家经济活动在一定地区范围内的时空分布、形成和发展规律。具体而言，就是研究东南亚国家及其境内各地区的农业、工业、交通运输业、旅游业、贸易、投资等的布局规律。本丛书认为，在一定生产力条件下，人类总是把争取以最小的劳动消耗，取得最佳的经济效益，作为发展生产的基本目标。为实现这个目标，除了劳动者和劳动手段的有机结合以外，还必须进行经济布局，即把经济活动的场所选择在生产条件最好的地区或地点进行。但是，经济布局不是凭主观意志来确定的，而是社会经济发展的需要与客观条件相结合的产物。东南亚国家的地理环境及其与周围地区或国家的关系，对该国经济的发展起着不可忽视的作用。优越的地理环境，良好的区位优势能为其经济发展提供便利条件，反之则会制约其经济的发展。

参加本丛书编写的作者主要为云南大学东南亚研究所的专家学者，解放军外国语学院、广西大学、广西社会科学院、华南农业大学的专家学者也参与了本丛书的编写工作。本丛书参编人员长期从事东南亚经济和社会研究，精通英语和东南亚语言，有赴东南亚留学、工作或访学的经验，并与东南亚各国相关专家长期保持交流与合作关系，也掌握了大量资料和数据，这为完成本丛书的编写奠定了坚实的基础。我们希望本丛书的出版有助于国人加深对东南亚经济和社会发展的认识，有助于深化中国—东盟自由贸易区、21世纪海上丝绸之路以及南方丝绸之路的建设，从而为夯实“亲诚惠容”周边外交新理念、打造周边命运共同体添砖加瓦。

由于丛书涉及面广，和资料收集、学术水平诸多因素的限制，书中的分析与论述难免存在疏漏与不足，恳请各位专家和广大读者批评指正。

《东南亚经济社会地理》丛书编辑委员会

2014年11月 于昆明

# 引　言

新加坡共和国（Republic of Singapore）是东南亚的一个岛国，可看作是一个城市国家，也享有“城市花园”的美名。新加坡位于马来半岛的最南端，在马六甲海峡的入海口扼住了太平洋与印度洋的航运通道，是连接欧、亚、非三洲的海上交通枢纽，因此素有“远东十字路口”及“东方直布罗陀海峡”之称。新加坡国土面积狭小，资源匮乏，人口密度大，但新加坡政府立足实际，因地制宜，凭借地理区位优势，取得了瞩目的发展成就。新加坡属于新兴发达国家，是全球最为富裕的国家之一，是亚洲重要的金融、服务和航运中心之一，也是继纽约、伦敦和香港之后的第四大国际金融中心。

新加坡是一个多民族国家，被视为“世界人种博物馆”，其中华族占74.2%，马来族占13.3%，印度族占9.1%，其他种族占3.3%，华人、马来人、印度人是新加坡的三大主要民族。新加坡政府采取了行之有效的多民族和谐政策，民族之间的相互宽容、尊重、平等、团结已成为一种社会风尚。新加坡也是个多宗教国家，称得上是“世界宗教大观园”，佛教、道教、印度教、伊斯兰教和基督教，是新加坡的五大宗教。新加坡政府对国内各种宗教采取平等、中立的立场，实行多元、和谐的宗教政策，保证了各宗教各派别和平共处、相互宽容、共同兴旺。新加坡政府根据人口变动和具体国情，在不同时期采取了一系列人口调控政策。1975年起由于出生率一直低于人口更替水平，生育率持续下降，人口增长缓慢，死亡率大幅下降，政府实施了提高出生率的鼓励生育措施，同时放宽移民条件也成为补充人口的重要举措。人口老龄化、劳动力短缺以及平衡本国人与外来人之间的生存发展利益，都是新加坡政府当前及今后所面临的难题。

由于国土面积有限，新加坡着力发展高科技农业，追求高经济效益，不求部门齐全，高效利用国土资源，生产最适合本土种植的农产品，养殖更具经济效益的观赏鱼。农业科技园园区内建设了生态走廊、蔬菜园、花卉园、海洋养殖场等，已成为集农产品生产、销售及观赏于一体的综合性农业公园，每年吸引大量旅游者前来参观。新加坡一直大力兴建科学技术公园，将科技与农业相融合，形成环境良好的生态农业，产业附加值高。新加坡沿海渔业资源有限，所以根据热带海洋性气候的特点，重点发展了海水观赏鱼养殖，成为渔业的主导产业。新加坡是世界最大的观赏鱼出口国，是国际观赏鱼行业的领导者，被誉为“世界观赏鱼之都”。

新加坡不断调整发展策略、优化产业结构，工业发展经历了由独立初期的劳动密集型工业，逐步成长为附加值高的资本和技术密集型工业，进而发展至如今知识密集型工业的历程。工业是新加坡经济的主导产业，新加坡已成为全球第三大炼油国和世界电子工业中心之一。目前形成了以发展制造业为主，建筑业和公共设施建设为辅的工业格局，而制造业又以炼油、石化、电子、船舶修造等为主导产业，并形成了相应的产业集群。新加坡政府还创建了裕廊工业园，园区内工业种类繁多，工业园倡导“港口—城市—产业”一体化的开发模式，各主导产业也由初加工向高附加值产品领域延伸，形成了完整的产业链。近年来，新加坡加大在环境工程、清洁能源等新兴产业上投入资金和技术，致力将本国打造成世界清洁能源的枢纽之一。

新加坡拥有全球最繁忙的集装箱码头、服务最优质的机场、亚洲最广泛的宽频互联网体系和通信网络，完善的基础设施为新加坡的社会、经济发展提供了物质基础。新加坡15%的土地面积用于建设道路，全国形成了以8条快速公路为主线，众多普通道路为支线的公路网络，覆盖全岛每个角落，并且通过两条专门公路与马来西亚相连，构筑起了一个高度发达的陆路交通网络。作为一个港口国家，航运业的建设与发展一直都是新加坡经济发展的重点，以新加坡为中心的海运网络由200多条航线组成，连接123个国家的600多个港口。新加坡是亚洲地区重要的航空运输枢纽，樟宜机场连续多年被评为世界最佳机场。截至2012年底，100多家航空公司进驻该机场，形成了以新加坡为中心往返60多个国家的250多个城市、每周6 300多个班次的航空网络。新加坡凭借其优越的地理位置和富有个性化的旅游品牌战略，逐步从亚洲旅游大国发展成为世界旅游大国。

新加坡国内市场规模小，自独立之初政府就推行贸易立国的策略，利用其原有的东南亚商贸集散中心的优势地位，大力发展对外贸易和转口贸易，为后来发展高度的外向型经济奠定了基础。同时，还积极推进全球贸易自由化，有效引进利用外资，加大海外投资。新加坡地理位置优越、基础设施完善、政治社会稳定、参与全球贸易自由化程度高、法治完善、政府廉洁，如今对外贸易已成为新加坡经济结构的主导产业之一。2013年新加坡货物贸易额9 802亿新元，其中出口5 134亿新元，进口4 668亿新元，贸易顺差466亿新元。截至2012年底，新加坡吸收外资存量6 824.0亿美元。

自独立建国以来，新加坡领导人将发展经济、提高人民生活质量作为国家建设的首要任务。经过50余年的努力，新加坡日益走向富裕，已发展成新兴的发达国家。其成功之处不仅在于其优越的地理位置，还因为自由开放的经济市场，建立了适合本国发展的主导产业、关联性产业，同时大力引进、合理利用外资等因素。

自新加坡和中国建交以来，中新两国关系持续、健康发展。新加坡积极参与中国的改革开放和现代化建设进程，成为中国重要的投资者和经贸伙伴。近年来，双方贸易持续稳定增长，双边投资活跃。两国人民血缘相亲、语言相通、风俗相近，各方面的交流与合作有着得天独厚的条件，相信两国未来合作的广度和深度将会不断扩展和加强。

# 目　录

# 第一章　自然地理及经济区划

新加坡共和国（Republic of Singapore）是位于东南亚的一个岛国，可看作是一个城市国家，享有“城市花园”的美名。新加坡国土面积狭小，资源匮乏，人口密度大，但它立足实际，因地制宜，凭借地理区位优势，取得了巨大成就。

## 第一节　地理条件

新加坡地理位置优越，自古以来就是海上交通要道，早期只是一个泊船的小岛。在英国殖民统治和管理下，逐渐发展成为重要的转口贸易型港口城市。第二次世界大战期间，日本短暂占领新加坡。1965年新加坡独立建国，先后经历了李光耀、吴作栋和李显龙三任总理。现今的新加坡局势稳定，环境优美，经济繁荣，政府廉洁高效，发展成果为世人瞩目。

### 一、区位与国土

新加坡位于东经103°36′至104°25′、北纬1°09′至1°29′，在赤道之北136.8千米处，属东8时区，没有夏令时。位于马来半岛的最南端、马六甲海峡出入口，北隔柔佛海峡与马来西亚毗邻，南隔新加坡海峡与印度尼西亚相望。新加坡在马六甲海峡的入海口扼住了太平洋与印度洋的航运通道，更是连接欧、亚、非三洲的海上交通枢纽，因此，素有“远东十字路口”及“东方直布罗陀海峡”之称。

新加坡国土面积为715.8平方千米，由主岛和其他63个小岛屿构成，主岛从东部到西部约49千米，从南部到北部约25千米，占全国面积的88.5%，主岛海岸线长约197千米，是东南亚11个国家中面积最小的国家。①作为一个四面环海的岛国，新加坡很多国土面积是填海而成的，建国之初新加坡全岛面积只有581.5平方千米，至2013年3月，填海土地面积逾13 000公顷，几乎占原有国土面积的1/4。为了满足未来人口增长的需求，新加坡政府可能继续通过填海造地计划，估计至2030年，国土面积可能再增加100平方千米。②

新加坡地理位置优越，海运、航空便捷。一方面吸引了各大洲的转口贸易，成为一个重要的国际商贸中心，也是一个绝佳的供应链管理枢纽。政府为此也提供一定支持，如不断提升港口、机场和物流基础建设，以巩固其优势。还设立了新加坡机场物流园（ALPS）等自由贸易区，让第三方物流供应商为整个区域提供快速的增值补货和送货服务；③另一方面，新加坡靠近赤道，气温降水适宜，加上城市环境绿化好，吸引世界各地人们到此游玩、求学，带动了旅游业的发展。新加坡是一个新兴发达国家，也是全球最为富裕的国家之一。集金融、航运、贸易为一体的新加坡，已经成为继纽约、伦敦、东京和香港之后的国际第四大金融中心。

## 二、地形地貌

新加坡共有大小岛屿63个，其中新加坡岛是主岛。总体地势平坦和缓，平均海拔15米，地理最高点是位于新加坡主岛中心附近的武吉知马山，高166米。西部和中部有一些丘陵，主要由沉积岩、花岗岩和其他火成岩组成，

① Yearbook of statistics Singapore，2013.

② 毕世鸿编著：《新加坡概论》，广州：世界图书出版公司，2012年版，第4页。

③ http：//www.csc.mofcom-mti.gov.cn/csweb/csc/info/Article.jsp?a_no=55319&col_no=132

而东部则由沙积岩组成，与沿海地带都是平原地区。

新加坡岛是马来半岛的延伸，呈扇形状，面积约643平方千米，占新加坡国土面积的88.5%，在其北部建有新柔长堤，西部有第二通道，两者成为新加坡与马来西亚柔佛往来间的联系通道。主岛以外的其余岛屿，较大的有德光岛（24.4平方千米）和乌敏岛（10.2平方千米），都位于新加坡岛东北部，另外还有许多小岛分散在新加坡海峡的西部，如圣淘沙岛、梅里茂岛、西拉耶岛、武公岛、小武公岛、安东岛、苏东岛等。

新加坡岛上水网密布，河流众多，但都又短又小。主要河流有新加坡河，其他较小的河流有加冷河、乌鲁班尼河、邦苏业河等。新加坡河总长仅约3.2千米，从西部的金声桥源起，向南流入滨海湾蓄水池。新加坡河称得上是新加坡的母亲河，它是早期新加坡的经济动脉，由此开始的转口贸易促进了新加坡的繁荣。新加坡河的出口是新加坡港，连接着新加坡海峡、马六甲海峡和南海航道，印度尼西亚廖内群岛、东南亚各地甚至东西方航运船只都要途经新加坡河口，此处自然成为一个货物集散地。自从英国殖民者托马斯·斯坦福·莱佛士（Sir Thomas Stamford Bingley Raffles）于1819年2月29日在新加坡河口登陆之后，河的两岸就逐渐发展成新加坡的商贸中心。在莱佛士的免税政策下，设立在河口的商港吸引了远近的商船，商家在河岸建起一排排货仓，而这些极具历史意义的房屋现已受到整修及保护，成为高级餐厅、酒吧和商店等。许多水上活动，如赛龙舟，每年也都会在这里举行。河口还专门建有一个大闸门，将新加坡河改造成了一个蓄水池，为城市提供饮用水。

## 三、气候条件

新加坡南距赤道仅136.8千米，长年受赤道低压带控制，属于热带雨林气候；又因为常年受来自热带海洋的信风影响，终年盛行热带海洋气团，气候具有海洋性，年温差和日温差小。新加坡四面临海，温度宜人，海陆风显著，昼间柔和的海风不时从海上吹向陆地，驱散了城市白天的暑热；

夜间，风则从陆地吹向海洋，整座城市的气候得到了调节。①因此，虽然新加坡靠近赤道，但是气候却不是十分炎热，年平均气温在摄氏24℃到30℃之间，最高温可达35℃，而最低温可降到20℃以下。新加坡的最冷月份在12月到次年1月，受东北季风影响加上低压带的南移，平均气温为28.0℃，而最热月份在5月到7月间，平均气温为26.1℃。最高日平均气温为30.8℃，最低日平均气温为23.9℃，每日平均气温为26.7℃。4月至9月是降雨较少月份，日照时间较长；10月至次年的3月为雨季，日照时间较短，且受较潮湿的季风影响，雨水较多，每天平均相对湿度介于65%到90%之间。新加坡常年高温潮湿，年平均湿度84.3%。降雨充足，雷暴较频繁，平均降雨量2 344毫米。但是，这种天气并不令人闷湿烦躁，因为新加坡靠近赤道，受赤道低气压带控制，盛行上升气流，午后常有对流雨，对空气的更新起了较大作用，并且高温使得空气中的水汽大多被蒸发。

**表1–1　新加坡气候状况**

| 月份 | 1月 | 2月 | 3月 | 4月 | 5月 | 6月 | 7月 | 8月 | 9月 | 10月 | 11月 | 12月 | 全年 |
|---|---|---|---|---|---|---|---|---|---|---|---|---|---|
| 酷热指数 | 84.7 | 82.9 | 83.8 | 84.8 | 84.4 | 83 | 82.8 | 83 | 83.5 | 84.1 | 86.4 | 86.9 | 84.2 |
| 平均高温（℃） | 30.1 | 31.1 | 31.6 | 31.7 | 31.6 | 31.3 | 30.9 | 30.9 | 30.9 | 31.1 | 30.6 | 29.9 | 31.0 |
| 平均低温（℃） | 23.3 | 23.6 | 23.9 | 24.4 | 24.8 | 24.7 | 24.5 | 24.4 | 24.2 | 24 | 23.7 | 23.4 | 24.1 |
| 降雨量（毫米） | 243 | 162 | 185 | 179 | 172 | 161 | 158 | 176 | 170 | 194 | 256 | 288 | 2 344 |
| 平均降雨日数 | 15 | 11 | 14 | 15 | 14 | 13 | 13 | 14 | 14 | 16 | 19 | 19 | 177 |
| 日照时数（小时） | 174 | 184 | 192 | 174 | 180 | 177 | 189 | 180 | 156 | 155 | 129 | 133 | 2 023 |

资料来源：毕世鸿编著：《新加坡概论》，广州：世界图书出版公司，2012年版，第8～9页。

① http://gjjy.hbee.edu.cn/guojia/2012/0607/article_1374.html

新加坡的气候还有一个比较特别之处，那就是虽然四面临海，但是极少有台风。新加坡位置临近赤道，纬度偏低，地转偏向力微弱，因此热带气旋很难发生。不过历史上新加坡也曾经历过热带气旋的袭击，2001年的第26号台风“画眉”（VAMEI），是有纪录以来首个吹袭新加坡的热带气旋。

## 第二节　自然资源

新加坡植被资源丰富，植物树种多样。矿产资源极其贫乏，只有少量的花岗岩。渔业资源不丰富，淡水资源相当匮乏。但新加坡善于利用有效的资源，做最大的发展。

### 一、植物资源

新加坡温暖潮湿、雨量充沛的热带雨林气候适合多种植物生长，当地已经发现的植物物种达到2 000种以上，[①]橡胶和椰子是价值较高的经济作物，但目前种植量不大。随着气候变化、物种演变，有数百种植物已经绝迹，政府有意移入外来植物。

新加坡约有23%的国土属于森林或自然保护区，原有的热带雨林随着城市化进程而不断缩减，导致森林减少。中部的武吉知马山位于武吉知马自然保护区内，这里是全国热带雨林最茂密的地方，该地区还是世界上仅有的两座市内存在热带雨林的城市之一，另一座城市为巴西里约热内卢的蒂茹卡。此外，还有中央集水区天然保护区和麦里芝自然保护区。新加坡土地贫瘠，可耕地少，只占国土面积的5%，所以政府定位发展现代化程度高的农业产业，在有限的农地上种植高产的水果、蔬菜。

新加坡植物园位于新加坡的克伦尼路，占地面积74公顷，集原始树林

① 鲁虎编著：《列国志：新加坡》，北京：社会科学文献出版社，2004年版，第4页。

和专业花圃两者的特点于一身，呈现出热带岛屿植被品种多样、枝繁叶茂的景象。胡姬花（兰花）是新加坡植物园最有特色、最吸引游人的一种植物，也是新加坡的国花。植物园内包含一个藏书万册的图书馆、约一公顷的汇集了大量姜科植物的姜园、种植着大量的兰花稀有品种的兰花园等景观，让人流连忘返。新加坡正准备向联合国教科文组织提出申请，将拥有150多年历史的新加坡植物园列入《世界遗产名录》。①

## 二、海洋资源

新加坡虽然四面环海，但沿海的渔业资源并不丰富，因此渔业也并不发达，其中，捕捞业所占比重远大于养殖业。从总量看，新加坡的渔业规模呈缩小的趋势，近年来捕获量合计在7 000～8 000吨。

表1-2 新加坡本土海鲜捕获量（单位：吨）

| 年份 | 2007 | 2008 | 2009 | 2010 | 2011 | 2012 | 2013 |
|---|---|---|---|---|---|---|---|
| 捕获量 | 7 986 | 5 141 | 5 688 | 5 229 | 5 599 | 5 548 | 6 775 |

资料来源：http：//www.singstat.gov.sg/.

新加坡国家公园局和新加坡国立大学从2010年起，对新加坡海域展开为期5年的海洋生物多样性调查（Comprehensive Marine Biodiversity Survey，简称CMBS）。至2013年5月28日，科学家在全球范围首次发现新加坡海域的近100种海洋生物，其中有14种可能是从未被研究过的新物种。此外，另有约10种疑似已在新加坡销声匿迹的海洋生物被重新发现。②新加坡海洋生物园（Marine Life Park，简称MLP）是全球最大的水族世界，同时也是新加坡圣淘沙名胜世界的第二大重量级景点，育有800多个品种，约超过100 000只深海海洋生物，如双髻鲨、鬼蝠魟、雪花鸭嘴燕魟、伊氏石斑鱼、圆犁头鳐等。

① http：//www.sx.xinhuanet.com/tpbd/2013-04/04/c_115271920_4.htm

② http：//sg.xinhuanet.com/2013-05/28/c_124772063.htm

## 三、水资源

新加坡降雨充沛，但由于国土面积狭小，岛上河流或湖泊较少，淡水资源十分匮乏。淡水资源总量6亿立方米/年，人均水资源量211立方米/年，居世界倒数第二位，淡水危机时刻威胁着新加坡的生存。目前新加坡供水量的50%～60%由邻国马来西亚的柔佛水库经过40千米的管线引入。近年来，新加坡政府为改善水资源匮乏现状，开源与节流并举，提出开发四大“国家水喉”计划，具体包括：由马来西亚的柔佛水库引入进口水、由国内集水区集蓄的天然降水、由污水经深度处理的新生水及海水淡化水。

政府大兴水利措施，修建了一些水库和多个蓄水池，把河流沟渠的雨水导入蓄水池集中存储起来，然后通过专用管道输入水厂进行处理，因此80%～90%的雨水会被收集。一些蓄水池被草地、森林和沼泽所环绕，空气清新，环境优美，也是市民放松休闲的好去处。最长的是实里达蓄水池，长15千米，是从1920年开始修建的。麦里芝蓄水池是本地历史最悠久的蓄水池，建成于1868年，蓄水池里除了积贮雨水以外，还蓄有从马来西亚买来的淡水和新加坡自己生产的“新生水”(废水再循环)，然后再输往自来水厂。同时蓄水池也提供了丰富的娱乐项目，除建了环湖的自然公园外，还允许进行一些没有污染的水上运动，比如独木舟、滑水等。环湖一圈为11～13千米，适合练习马拉松，不环湖的长度在6～8千米之间，非常适合跑步、健身。

新加坡的水务管理全部由环境及水源部属下的公用事业局(PUP)负责，统筹规划管理水源、供水、排水、水环境等涉水事务，推行“全民水源”概念：节约用水，珍惜水源，共同分享所拥有的水源，以确保高效、充分和持续不断的淡水供应。政府采取调整水费、给予节水补助、安装节水设施、进行节约用水的宣传等措施，着手进行节水。新加坡正由历史上主要依靠外来水源，逐渐向实现水资源自行解决的方向努力，最终目标是完全实现淡水供应自给自足。根据规划，未来新加坡的淡水供应中50%将来自收集雨水，25%来自污废水循环利用，另外25%则从海水提取。

## 四、旅游资源

作为一个城市国家，新加坡没有高山流水的景色，旅游资源相对匮乏，发展旅游业可谓“先天不足”。但是，新加坡政府将国家的一切视为旅游资源，将“所有能调动的积极因素”都充分利用起来。[①]新加坡旅游业开始于20世纪50年代，在初期发展较缓慢，经过几十年的发展，旅游业现已成为新加坡十分重要的经济行业。政府凭借自身航运和港口等优势条件，在因地制宜的基础上加以创新，将新加坡发展为东南亚著名的旅游胜地，每年都吸引成千上万的外国游客前来观光旅游。新加坡著名的景点有：圣陶沙名胜世界、乌节路购物街、鱼尾狮公园、牛车水、天福宫、裕廊飞禽公园、新加坡动物园、克拉码头等。

### （一）圣淘沙名胜世界

圣淘沙名胜世界座落于度假胜地圣淘沙岛，占地49公顷，是个一站式的综合娱乐城，针对的主要是家庭游客，自2010年1月开业以来，头3年已迎接超过4 500万名访客。圣淘沙名胜世界拥有东南亚首个且唯一的环球影城主题乐园——新加坡环球影城、新加坡首个海事博物馆及水族馆、水上探险乐园、海洋馆等项目，同时建有游乐场和许多不同风格的度假酒店。圣淘沙名胜世界荣获亚太地区旅游行业内的最高殊荣，被2011年、2012年和2013年的TTG旅游大奖评为“最佳综合式度假村”。[②]

### （二）滨海湾金沙

滨海湾金沙是一座面向滨海湾的综合度假村，由拉斯维加斯金沙集团所开发，被誉为是世界上最昂贵的独立赌场建筑，包括土地成本在内的建

① 毕世鸿编著：《新加坡概论》，广州：世界图书出版公司，2012年版，第304页。

② 名胜世界——圣淘沙：http: //www.rwsentosa.com/

造成本为57亿美元。滨海湾金沙是新加坡的奢华新地标，集休闲、购物与娱乐于一体的综合娱乐城，伫立于繁华朝气的中央商业区，它有着奢华酒店、完备的会展设施、剧院、一流的购物与餐饮场所。[①]相比于圣淘沙名胜世界，滨海湾金沙则主要针对商务旅客。

### （三）鱼尾狮公园

鱼尾狮公园坐落于浮尔顿一号隔邻的填海地带，面积达0.25公顷，是新加坡面积最小的公园。鱼尾狮是一种虚构的鱼身狮头的动物，由1964年时任Van Kleef水族馆馆长的Fraser Brunner先生所设计，两年后被新加坡旅游局采用作为标志，一直沿用到1997年。该塑像高8.6米，重70吨，狮子口中喷出一股清水，是由雕刻家林浪新先生和他的两个孩子于1972年共同雕塑的，另一座高2米的小型鱼尾狮雕像也是在同一时期完成。狮头鱼身坐立在水波上的鱼尾狮，其设计概念是将现实和传说合二为一：狮头代表传说中的“狮城”，至于塑像的鱼尾造型，浮泳于层层海浪间，既代表新加坡从渔港变成商港的特性，同时也象征着当年飘洋过海、谋生求存、刻苦耐劳的祖祖辈辈们。

### （四）新加坡动物园

新加坡动物园位于新加坡北部的万里湖路，总面积28.3公顷，是世界十大动物园之一，它采用全开放的模式，利用热带森林和湖泊等天然屏障代替围栏，没有限制动物行动的笼子，为动物创造一个天然的生活环境。这里收罗了290种哺乳动物类、鸟类和爬虫类动物，总数超过3 000只。所展示的许多濒临绝种的动物之中，包括科摩多龙、睡熊、金丝猴，以及世界最大的群居人猿。在动物园内，游客可以享受一次野生的旅行，可以在这里露营，与动物一同进餐，每年约160万人次的国内外游客参观。如今，新加坡动物园正致力于转型成为一个知识型动物园，让游客们不再只是单

① 新加坡旅游局：http://www.yoursingapore.com/content/traveller/zh/experience.html

纯地欣赏动物，而能通过更多的互动类项目学习到与动物相关的知识以及加强对野生动物的保护意识。

## 第三节　行政和经济区划

新加坡作为一个城市国家，地少人多，资源相对匮乏，但建国后发展迅速，很大程度得益于其合理的行政和经济区划。

### 一、行政区划

#### （一）行政区划的演变

新加坡国土面积700余平方千米，聚集了500多万的人口，在行政区划上无一般的省市之分，而是以符合城市发展的方式，设一级政府，将全国划分为五个社区，由相应的社区发展理事会（简称社理会）管理。

英国殖民政府最初是以邮政编码01到83的方式对新加坡进行分区，但是自1948年新加坡举行议会选举后，便以选举区作为行政区划，并且规定每区由一位国会议员代表该区选民。20世纪90代后，市区重建局（相当于中国的规划局）将新加坡分为55个规划区（相当于中国街道所辖面积），规划区是固定的，不会因各届选举导致选区范围的变更而改变。新加坡统计局于2000年人口普查中，首次使用市区重建局的规划区进行调查。

#### （二）行政区规划现状

1997年大选之后，政府成立了社区发展理事会，原来新加坡有9个社区，2001年总理吴作栋宣布把全国9个社理会合并为5个，并且委任全职的市长（社理会的最高首长）来领导社理会。5个社理会按照地区划分，定名为东北、东南、西北、西南和中区社区发展理事会。

表1–3　新加坡各区规划

| 区名 | 最大市镇 | 面积（平方千米） | 人口（2006年） | 人口密度（人/平方千米） | 属下规划区 |
|---|---|---|---|---|---|
| 中区 | 红山 | 132.7 | 903 100 | 6 805 | 碧山，红山，武吉知马，芽笼，加冷，马林百列诺维娜，女皇镇，大巴窑，东陵，市中心，南部岛屿 |
| 东南区 | 勿洛 | 93.1 | 673 600 | 7 235 | 勿洛，樟宜，巴耶利峇淡滨尼，白沙，樟宜湾 |
| 西北区 | 兀兰 | 97.3 | 472 000 | 4 851 | 中央集水区，林厝港万礼，三巴旺，新邦双溪加株，义顺，兀兰 |
| 东北区 | 后港 | 141.1 | 696 900 | 4 939 | 宏茂桥，后港，榜鹅实里达，盛港，实龙岗东北岛屿 |
| 西南区 | 裕廊西 | 201.3 | 851 000 | 4 228 | 武吉巴督，武吉班让文礼，蔡厝港，金文泰裕廊东，裕廊西，先驱登加，大士，西部岛屿西部集水区 |

资料来源：毕世鸿编著：《新加坡概论》，广州：世界图书出版公司，2012年版，第10～11页。

1. 中区

中区人口接近百万，包括宏茂桥集选区和盛港西单选区、碧山—大巴窑集选区、毛淡棉—加冷集选区、黄埔单选区，以及丹戎巴葛集选区和拉丁马士单选区。[①]其最大市镇为红山，前身为一座山，位于中峇鲁以西，女皇镇以东，直落布兰雅以北，毗邻世界上最繁忙的港口、新加坡胜地——圣淘沙和新加坡的金融中心——莱佛士，是名校、高级公寓和商业中心的集中地，是一个繁华而且昂贵的地段，地理位置优越。[②]红山1973年经过重划，而形成了现时所见的组屋区，共有47 500个组屋单位坐落在红山市镇，居民大约有154 000人。

① http://www.centralsingaporecdc.org.sg/our-district/
② http://zh.wikipedia.org/wiki/

2. 东南区

东南区位于新加坡东海岸，居民人数超过551 000人。东南区包括马林百列集选区、东海岸集选区、麦弗逊单选区和波东巴西单选区。其最大的市镇为勿洛(Bedok)，已有40年左右的历史。勿洛是丘陵地区，占地约9.4平方千米，其中42%为居住区。勿洛涵盖了8个子区，其中包括加基武吉、勿洛水库、雪州、勿洛北、弗兰克尔、勿洛南、实乞纳和海柏。

3. 西北区

西北区包括荷兰—武吉知马集选区、三巴旺集选区、武吉班让单选区、义顺中单选区和义顺东单选区。其中西北区最大的市镇为兀兰，是新加坡北部的一个住宅区，总面积大约13.6 平方千米，人口大约192 700人。兀兰毗邻三巴旺新镇和双溪卡独(Sungei Kadut)工业区，沿着新柔长堤通向马来西亚最南端的城市新山，通过甘巴士道(Gambas Avenue)连接义顺，通过兀兰连接圣诺哥工业区。

4. 东北区

东北区居民人口超过80万，土地面积约13 810公顷，包括3个集选区和2个单选区。集选区分别是阿裕尼、白沙—榜鹅和淡滨尼集选区；单选区有后港和榜鹅东。[①]其规划区域分别有宏茂桥、后港、东北群岛、榜鹅、实里达、盛港、实龙岗。其中后港为最大的市镇，土地面积约8.01平方千米，大约有居民896 800人。其涵盖了7个子区，分别是后港、特拉法加、罗塞斯、罗弄啊洙、大径、德福工业园和双溪实龙岗。

5. 西南区

西南区位于新加坡西南地区，覆盖了新加坡国土面积的1/3，拥有居民约730 000人，大约22万户。西南区是典型的工业密集区，包括裕廊岛和大士地区。它由3个小组代表选区(集选区)组成，即丰加集选区，包括丰加、油地、南洋、武吉甘柏及杰香师5个子区域；裕廊集选区，包括裕廊中央、

① www.northeastcdc.org.sg

达曼裕廊、裕华、武吉巴督及武吉巴督东师5个子区域；西海岸集选区，包括直落布兰雅、先锋、亚逸拉惹—西海岸、金文泰及文礼师、蔡厝港单选区。其中裕廊西（Jurong West）紧邻大士工业区，是新加坡外来人口比例比较高的地区。裕廊西面积大约10平方千米，居民有160 000人左右，涵盖了9个社区，分别是达曼裕廊（南）、武林及文礼、达曼裕廊（北）、丰加（东）、丰加（西）、中央、云南（东南）、云南（东北）以及先锋北路西组成的云南（西）。另外，裕廊西包括9个子区，分别是：文礼、下巴蜂、丰加、中央、德建、新加坡武装部队训练所、达曼裕廊、武林和云南。

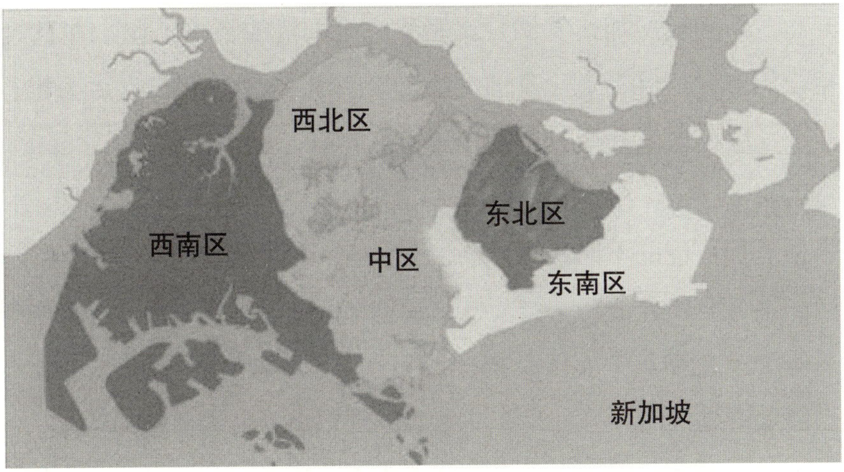


图1–1 新加坡行政区图

从新加坡选区看，上述5个社区包括55个规划区和2个集水区。2011年，新加坡进一步分为27个选区，其中包括12个单选区和15个集选区。

表1–4 新加坡选区

| | |
|---|---|
| 单选区 | 后港、黄埔、先驱、如切、裕华、丰加北、蒙巴登、盛港西、榜鹅东、武吉班让、波东巴西、拉丁马士 |
| 集选区 | 义顺、裕廊、三巴旺、蔡厝港、东海岸、西海岸、阿裕尼、宏茂桥、淡滨尼、马林百列、丹戎巴葛、碧山—大巴窑、荷兰—武吉知马、白沙—榜鹅、摩棉—加冷 |

资料来源：http: //baike.baidu.com/view/5742451.htm

2014年10月1日，新加坡社区事务署正式成立，社区事务署的主要任务是让公共服务更加“以国人为中心”，在公众与提供服务的机构之间架起桥梁，加强各机构在处理社区事务时的合作，提高公共服务的效率。社区事务署隶属于国家发展部，该署将先与农粮兽医局、陆路交通管理局、国家环境局、国家公园局、人民协会、公用事业局和警察部队这7个机构合作，如有需要，未来还可能与其他机构合作。[①]

## 二、经济区划

20世纪70年代以前，新加坡主要是依靠转口贸易维持经济，但从80年代初开始，新加坡便加速发展资本密集、高增值的新兴工业，并且大力投资基础设施建设。90年代，新加坡为进一步推进经济增长，大力推行“区域化经济发展战略”，积极向海外投资。

1. 工业布局

根据地理环境的不同，政府将新加坡东北部划为新兴工业区和无污染工业区，重点发展电子、电器及技术密集型产业。沿海的西南部和裕廊岛、毛广岛等为港口和重工业区；中部地区为轻工业和一般工业区。迄今，新加坡已经发展成为世界第三大炼油中心以及东南亚最大修造船基地。

1961年，新加坡政府为加快工业化进程、促进经济发展，创建了裕廊工业区。裕廊工业区位于新加坡岛西南部，土地面积80平方千米，约占国土面积的11%，是新加坡最重要、最集中的工业生产基地。其北部是新工业和干净工业区，南部岛屿为炼油区。园区包含了八千多家跨国公司和本地的高技术制造业公司，拥有全国1/3以上的劳动力，对国内生产总值的直接贡献率为26%左右。园内主导产业为石化、修造船、工程机械、一般制造业、物流等，并且形成了完整的产业链。

① 中国驻新加坡大使馆经济商务参赞处：http://sg.mofcom.gov.cn/article/zhengt/201408/20140800713728.shtml

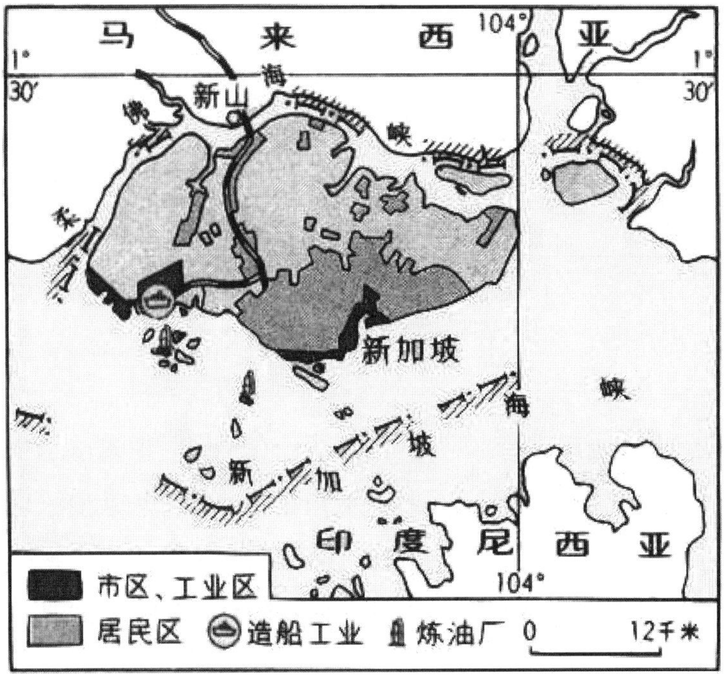

图1-2 新加坡工业布局图

资料来源：http：//www.hgedu.net/disk/viewfile.php?file_id=13500

2. 农业布局

新加坡独立前以转口贸易为主，独立后制造业迅速增长，但农业却一直非常薄弱，占国民经济的比重不到1%，且农业人口少，多数农产品的需求主要依赖进口。新加坡农业注重节约耕地，追求高的经济效益，不求部门齐全，主要有禽畜业、园艺种植业和水产渔业。但是，由于新加坡气候和土壤条件所限，新加坡从未种植水稻或小麦，粮食主要从泰国、缅甸等国家进口。农业用地原来主要分布在新加坡岛北半部，现在逐渐向北岸的三巴旺、林厝港、实笼岗、榜鹅等地集中。其中林厝港拥有可耕地面积两千多公顷，生产高产值出口性农产品，比如种植兰花、热带观赏鱼养殖批发、鸡蛋奶牛生产、蔬菜种植，还有百余家沿海和陆地养渔场。

# 第二章　人口地理

新加坡政府根据人口变动和具体国情，在不同时期采取了一系列人口调控政策。20世纪60年代，为了抑制人口增长，新加坡政府采取了旨在降低人口出生率的鼓励性和抑制性措施。1975年起，由于出生率一直低于人口更替水平，政府转为采取提高出生率的鼓励生育措施，同时，移民也成为补充人口的重要举措。

## 第一节　人口发展

自20世纪80年代开始，新加坡生育率持续下降，人口增长缓慢，死亡率大幅下降，人口老龄化现象严重，劳动力短缺。

### 一、总人口变化

截至2013年6月，新加坡总人口约539万，其中居民约384万（包括331.35万公民和53.12万永久居民），非本地居民约155万。人口增长率1.6%，人口密度7 540人/平方千米，男女比例为968：1 000。平均预期寿命82.3岁，其中男79.9岁，女84.5岁。公民平均年龄40岁，65岁及以上人口占11.7%。①

① 新加坡统计局：www.singstat.gov.sg/statistics/latest_data.html#14

表2-1　2013年6月新加坡人口统计情况（单位：千人）

| 项目 | 最新时期（年） | 最新数据 | 变化率（%） | 早期数据 | 变化率（%） |
|---|---|---|---|---|---|
| 总人口 | 2013 | 5 399.2 | 1.6 | 5 312.4 | 2.5 |
| 居民 | 2013 | 3 844.8 | 0.7 | 3 818.2 | 0.8 |
| 公民 | 2013 | 3 323.5 | 0.9 | 3 285.1 | 0.9 |
| 永久居民 | 2013 | 531.2 | -0.3 | 533.1 | 0.2 |
| 人口密度（每平方千米） | 2013 | 7 540 | -- | 7 429 | -- |

资料来源：http：//www.singstat.gov.sg/

1957年第二次人口普查显示，新加坡的人口总数为1 445 929人，比1947年第一次人口普查的938 144人增加了507 785人，年平均增长率为4.5%，这为20世纪新加坡人口增长的最高记录。1965年独立后，为了缓解人口增长与国土狭小及资源有限的矛盾，新加坡政府实行了广泛的人口控制计划，归纳起来包括四大部分：[①]个体家庭计划、堕胎、自愿绝育及一些旨在降低生育率的鼓励或限制政策。个体家庭计划，就是在卫生部的主导下，由妇幼保健诊所和家庭计划诊所向居民免费提供人口控制的咨询和临床服务以及低价出售避孕用品。这一计划还包括广泛的教育活动，主题相应变换，如“新加坡需要小型家庭”、“新加坡需要两个孩子的家庭”、“无论男女，两个足够”等。1967年8月政府宣布堕胎合法，1970年3月《堕胎法案》开始生效，符合堕胎条件的申请都获批准，而在此之前新加坡刑法典是将堕胎当作犯罪来处罚的。1969年政府通过自愿绝育法案，1974年获得议会审议，据此居民只要提出申请就可以实行绝育手术。国家对晚婚、晚育和少生的家庭给予住房分配和教育上的优惠；同时，对多生实行惩罚，

① ［新加坡］苏瑞福著，薛学了、王艳等译：《新加坡人口研究》，厦门：厦门大学出版社，2009年版，第193页。

如对生育第三胎以上的家庭征收高额所得税，生第四胎的母亲不能享受带薪假期，对第三、四胎者，医院提高医疗收费；鼓励公务员实行绝育手术。

1980年第三次人口普查显示，新加坡总人口数为2 413 945人，比1970年普查时增加了339 438人，年均增长率为1.5%，这是新加坡近代实行人口普查以来人口年均增长率的最低水平。1968年每个家庭平均人数为6.2人，1987年下降到4.3人；1957年，平均结婚年龄男子为26岁，女子为20.3岁，1980年男子为28.4岁，女子为26.2岁；1960年，每个妇女平均生育子女3.4人，1986年下降到1.4人。这说明，1980年前后，新加坡控制人口增长的政策、措施产生了显著效果。

实际上，从1975年起，新加坡出生率一直低于人口更替水平，但限制出生率的措施依然沿用了十多年。由于过低的人口自然增长和经济社会的现代化，新加坡人口状况开始出现一些新问题：几世同堂的大家庭逐渐解体，小家庭开始增多；选择单身、晚婚的人增加；出生率下降，尤其受教育程度高、收入多的育龄夫妇不愿多生；华人出生率下降比例更大。1984年，政府首次在人口控制计划中关注人口的质量，主要是鼓励具有高等教育文化程度的育龄夫妇生育3个或3个以上的子女，给予其子女享有优先入学和进入重点中学的权利，同时鼓励家庭收入少和教育程度低的妇女少生，并为此采取措施，如颁布绝育奖鼓励实行绝育手术。但是，这一基于“优生论”的人口政策被认为是搞歧视，受到许多新加坡人的反对，实际上政府最后取消了这一做法。1987年开始，政府宣布对人口控制政策进行调整以增加生育，出现了新的号召：“如果你能养得起，就要三个或更多孩子吧”，并对生育3个孩子的父母给予奖励。

根据1990年6月的人口普查，新加坡总人口数为3 047 132人，年均增长率为2.4%，主要是靠外来移民弥补国内人口生育率的不足。进入90年代，新加坡人口增长率持续下降，晚婚、少生和不生育者更加普遍，家庭平均人口继续减少。2000年人口普查表明，15～30岁的女性有47.3%的人未生育，比1990年明显提高；30～39岁的女性约14%未生育，比1990年多出3%；30多岁女性只生一个孩子占23.6%，比1990年增加2.7%；女性一般在近27岁时结婚，比1990年平均晚了一年多。90年代，新加坡人口政策的重点是鼓励生育。政府推出许多优惠措施，如生育第三个孩子可享受带薪假期，生育第三和第四个孩子的还享受2万～4万新元的税务回扣；公务员结婚时有3天带薪婚假，男性公务员在第三个孩子出生时有3天的“陪月子假”；政府为第二和第三个孩子开设儿童抚育共同储蓄户头，等等。2001年8月20日，政府颁布了五大鼓励结婚及生育措施，具体包括：年轻夫妇可分两次支付新组屋的订金；实行灵活的工作时间；政府部门尽量实行电子办公；设立更多托儿所，让没有工作的妇女也能够享有托儿津贴；多建大学宿舍，增加学生社交机会，等等。①

自2004年以来，新加坡政府推行了鼓励生育的一揽子措施，比如保健储蓄计划的实施、额外带薪产假、增加对第一胎和第四胎的幼儿津贴、家长退税款、在职母亲子女税款减免、五天工作制，等等。但由于延迟结婚和生育率降低，以上措施收效并不明显，比如2009年的增长率只有1.9%，为历年最低。2012年9月，新加坡人口与人才署发布的《2012年人口报告简要》显示，截至2011年，30～34岁男性居民当中有44.2%的依然单身，这一数字较10年前增加10.7%；而同一年龄段的女性单身比例为31%，10年来增加了8.7%。2001—2011年，男性居民结婚年龄的中位数从28.7岁增加到30.1岁，女性公民的同一数据则从26岁增加至27.8岁。在生育率方面，新加坡统计局发布的《2012年人口趋势报告》表明，居民2011年的生育率为1.2，较2010年稍有提升，但仍未明显扭转出生率长期下滑的趋势。

伴随人口生育率持续低下，新加坡人口老龄化现象日益突出。截至2012年6月，超过65岁的居民比率达到11.1%，比2011年6月增加0.7%。根据联合国的测算，2015年新加坡65岁以上人口所占比率将为13.6%，2020

① 鲁虎编著：《列国志·新加坡》，北京：社会科学文献出版社，2004年版，第7页。

年达到17.9%，2025年则高达22.9%。人口老龄化问题，成为阻碍新加坡经济和社会可持续发展的一大障碍。前总理李光耀为此十分担忧，认为"我国必须鼓励本地人结婚和多生育，如果任由生育率持续下降，我们将面对人口萎缩和老龄化的严重问题……如果我们没有允许移民，新加坡人口一定缩小，我国迟早崩溃。"[①]2009年，新加坡总人口为498.7万人，人口增长率为3.1%，其中实质对国家负有义务的新加坡公民只有320万人。2011年，总人口为518.3万人，人口增长率下降至2.1%，其中新加坡公民和永久居民378.9万人，非本地居民139.4万人。可以看出，非本地居民占总人口的26.9%，其增速为6.9%，远高于总人口的增长。这显示，非本地居民人口显著增加推动了总人口的上升，是政府针对新加坡生育率低、人口老龄化加速而鼓励外来移民的结果。

2012年7月，新加坡人口及人才署发布《我们的人口，我们的未来》报告，同年9月贸工部发布《人口与计划》报告，目的是要与国民进行全国对话，在关涉新加坡外来移民问题上，达成共识。在新加坡人口及人才署的报告中，政府表示将从"建设凝聚力强的社会"、"打造优质生活环境"及"发展可持续的蓬勃经济"三方面着手，检讨人口政策。贸工部的报告则主要以发展可持续的蓬勃经济为前提，为克服人口老龄化及劳动力萎缩对经济发展的制约，强调必须从三个方面同时着手：首先是通过企业重组及员工再训练来提高生产力，其次是鼓励更多工人加入劳动队伍，最后是输入外国劳动力。该报告还指出，新加坡既需要高技术外来人才，协助国家发展新兴行业，也需要控制性地引进外来劳动力，以应对建筑业、制造业及服务业的人力需求。

① ［新加坡］郑景祥：《李光耀：避免人口萎缩和老龄化问题，须鼓励国人结婚多生育》，联合早报网，2012年8月12日，http://www.zaobao.com/special/report/singapore/ndp2012/story20120812-99677

表2-2　2000—2013年新加坡人口及增长率(单位：千人)

| 年份 | 总人口 | 新加坡居民 | | | |
|---|---|---|---|---|---|
| | | 总数 | 新加坡公民 | 新加坡永久居民 | 非居民 |
| 2000 | 4 027.9 | 3 273.4 | 2 985.9 | 287.5 | 754.5 |
| 2007 | 4 588.6 | 3 583.1 | 3 133.8 | 449.2 | 1 005.5 |
| 2008 | 4 839.4 | 3 642.7 | 3 164.4 | 478.2 | 1 196.7 |
| 2009 | 4 987.6 | 3 733.9 | 3 200.7 | 533.2 | 1 253.7 |
| 2010 | 5 076.7 | 3 771.7 | 3 230.7 | 541.0 | 1 305.0 |
| 2011 | 5 183.7 | 3 789.3 | 3 257.2 | 532.0 | 1 394.4 |
| 2012 | 5 312.4 | 3 818.2 | 3 285.1 | 533.1 | 1 494.2 |
| 2013 | 5 399.2 | 3 844.8 | 3 313.5 | 531.2 | 1 554.4 |
| 年平均增长率(%) | | | | | |
| 2000 | 2.8 | 1.8 | 1.3 | 9.9 | 9.3 |
| 2007 | 4.3 | 1.6 | 0.8 | 7.5 | 14.9 |
| 2008 | 5.5 | 1.7 | 1.0 | 6.5 | 19.0 |
| 2009 | 3.1 | 2.5 | 1.1 | 11.5 | 4.8 |
| 2010 | 1.8 | 1.0 | 0.9 | 1.5 | 4.1 |
| 2011 | 2.1 | 0.5 | 0.8 | -1.7 | 6.9 |
| 2012 | 2.5 | 0.8 | 0.9 | 0.2 | 7.2 |
| 2013 | 1.6 | 0.7 | 0.9 | -0.3 | 4.0 |

资料来源：http：//www.singstat.gov.sg/

受国内劳动力供应不足及结构性供求失衡的影响，新加坡对外籍劳务需求很大。2012年新增外籍员工近7万人，增幅5.9%。其中，建筑业聘用外籍劳工明显增加，新增人数达到34 900人，远远高于2011年19 600人的增幅；服务业新增22 800人，与2011年新增53 700人的规模相比明显萎缩；另外，外籍家佣新增17 700人。2012年底，外籍员工(不包括外籍家佣)在新加坡就业人数中的比重为33.6%，若将外籍家佣计算在内，外籍员工占比超过37%。①

总之，人口老龄化和劳动力短缺是新加坡政府当前及今后所面临的难题，输入新移民成为维持人口的最主要渠道，但如何兼顾本国人与外来人的生存发展利益，也是摆在政府面前的一个现实课题。人口及人才署发表的《2013年人口政策白皮书》提出，为维持人口增长及竞争力，未来将每年输入1.5万至2.5万名新移民，令外来人口比例在2030年增至接近五成，本地人口则由目前62%降至55%。报告一出即引起强烈反响，不少新加坡人抱怨政府未能处理好新移民急增所带来的住房、交通及环境拥挤问题，直言国家正逐渐丧失独立民族性。②在引进外来人口时，新加坡政府也考虑了本国居民的承受能力，提出了“新加坡人优先”的政策。

## 二、出生率与死亡率

第二次世界大战后10年间，新加坡出生人数连年增长，生育率一直保持着高增长的稳定数字，从1947年的43 045人增至1958年的62 495人，粗出生率高达45‰。从1958年政府实施家庭计划服务政策的约10年后，生育率开始下降，1967年即政府推行国民计划的第二年，下降了10.6%，1968年降至11.4%，1969年降为10.0%。

① 《对外投资合作国别(地区)指南：新加坡》(2013年版)，中国商务部网站：http：//www.mofcom.gov.cn/

② 新加坡人文馆，《新加坡2013人口政策白皮书》，http：//sginsight.com/xjp/index.php?id=9401

表2-3　出生人数、粗出生率和总生育率（1957—1975年）

| 年份 | 出生人数（人） | 粗出生率（‰） | 总出生率（%） | 年均变化（%） | | |
|---|---|---|---|---|---|---|
| | | | | 出生人数 | 粗出生率 | 总出生率 |
| 1957 | 61 757 | 42.7 | 6.56 | +1.4 | −3.8 | −2.6 |
| 1958 | 62 495 | 41.1 | 6.39 | +1.2 | −3.8 | −2.6 |
| 1959 | 62 464 | 39.4 | 6.14 | 0.0 | −4.1 | −3.9 |
| 1960 | 61 755 | 37.5 | 5.80 | −1.1 | −4.8 | −5.5 |
| 1961 | 59 930 | 35.2 | 5.46 | −3.0 | −6.1 | −5.9 |
| 1962 | 58 977 | 33.7 | 5.26 | −1.6 | −4.3 | −3.7 |
| 1963 | 59 530 | 33.2 | 5.17 | +0.9 | −1.5 | −1.7 |
| 1964 | 58 217 | 31.6 | 4.95 | −2.2 | −9.6 | −4.3 |
| 1965 | 55 725 | 29.5 | 4.62 | −4.3 | −6.7 | −6.7 |
| 1966 | 54 680 | 28.3 | 4.42 | −1.9 | −4.1 | −4.3 |
| 1967 | 50 560 | 25.6 | 3.95 | −7.5 | −9.5 | −10.6 |
| 1968 | 47 241 | 23.5 | 3.50 | −6.6 | −8.2 | −11.4 |
| 1969 | 44 561 | 21.8 | 3.15 | −5.7 | −7.2 | −10.0 |
| 1970 | 45 934 | 22.1 | 3.10 | +3.1 | +1.4 | −1.6 |
| 1971 | 47 088 | 22.3 | 3.06 | +2.5 | +0.9 | −1.3 |
| 1972 | 49 678 | 23.1 | 3.07 | +5.5 | +3.6 | +1.3 |
| 1973 | 48 269 | 22.0 | 2.81 | −2.8 | −4.8 | −8.5 |
| 1974 | 43 268 | 19.4 | 2.37 | −10.4 | −11.8 | −15.7 |
| 1975 | 39 948 | 17.7 | 2.08 | −7.7 | −8.8 | −12 |

资料来源：http：//www.singstat.gov.sg/

随后几年，新加坡生育率下降速度明显减缓，1970年为1.6%，1971年为1.3%，1972年生育率还上升了1.3%。由此，政府进一步强化人口控制措施，生育率出现持续而快速下降，以致总出生率在1975年降低到2.08%，低于使人口可以实现自我更替的2.15%这一生育率。即使自80年代开始，新加坡政府实施鼓励人口生育的一系列政策，但生育率依然持续下降，人口增长缓慢，2010年的总出生率为1.15%，而2013年也只有1.19%。

表2-4 1975—2013年新加坡人口生育率、死亡率

| 年份 | 自然增长率 | 人口总生育率 | 人口总死亡率 | 婴儿死亡率 | 总生育率 | 总再生产率 | 净产率 |
|---|---|---|---|---|---|---|---|
| | （‰） | | | （‰） | 每个女性 | | |
| 1975 | 12.6 | 17.7 | 5.1 | 13.9 | 2.08 | 1.00 | 0.97 |
| 1980 | 12.7 | 17.6 | 4.9 | 8.0 | 1.82 | 0.88 | 0.86 |
| 1985 | 11.7 | 16.6 | 4.9 | 7.6 | 1.61 | 0.78 | 0.76 |
| 1990 | 13.5 | 18.2 | 4.7 | 6.6 | 1.83 | 0.88 | 0.88 |
| 1995 | 10.8 | 15.6 | 4.8 | 3.8 | 1.67 | 0.80 | 0.80 |
| 2000 | 9.2 | 13.7 | 4.5 | 2.5 | 1.60 | 0.77 | 0.76 |
| 2005 | 5.8 | 10.2 | 4.4 | 2.1 | 1.26 | 0.61 | 0.61 |
| 2006 | 5.9 | 10.3 | 4.4 | 2.6 | 1.28 | 0.62 | 0.61 |
| 2007 | 5.9 | 10.3 | 4.5 | 2.1 | 1.29 | 0.62 | 0.62 |
| 2008 | 5.8 | 10.2 | 4.4 | 2.1 | 1.28 | 0.62 | 0.62 |
| 2009 | 5.6 | 9.9 | 4.3 | 2.2 | 1.22 | 0.59 | 0.59 |
| 2010 | 4.9 | 9.3 | 4.4 | 2.0 | 1.15 | 0.56 | 0.55 |
| 2011 | 5.1 | 9.5 | 4.5 | 2.0 | 1.20 | 0.58 | 0.58 |
| 2012 | 5.6 | 10.1 | 4.5 | 1.8 | 1.29 | 0.62 | 0.62 |
| 2013 | 4.6 | 9.3 | 4.6 | 2.0 | 1.19 | 0.57 | 0.57 |

资料来源：http：//www.singstat.gov.sg/

战后，新加坡的粗死亡率从1941—1945年间的35‰大幅降至1946—1950年间的13‰，1951—1955年间下降到9.6‰。随后持续下降，2000—2005年间降至3.8‰。

表2-5　年均死亡人数和粗死亡率（1956—2005年）

| 时期 | 年均死亡人数（人） | 粗死亡率（‰） |
|---|---|---|
| 1941—1945 | 29 166 | 35.6 |
| 1946—1950 | 12 733 | 13.0 |
| 1951—1955 | 11 472 | 9.6 |
| 1956—1960 | 10 369 | 6.9 |
| 1961—1965 | 10 208 | 5.7 |
| 1966—1970 | 10 578 | 5.3 |
| 1971—1975 | 11 578 | 5.3 |
| 1976—1980 | 12 128 | 5.2 |
| 1981—1985 | 13 118 | 5.1 |
| 1986—1990 | 13 529 | 4.7 |
| 1991—1995 | 14 638 | 4.5 |
| 1996—2000 | 15 552 | 4.0 |
| 2000—2005 | 15 860 | 3.8 |

资料来源：[新加坡]苏瑞福：《新加坡人口研究》，厦门：厦门大学出版社，2009年版，第84页。

表2-6表明，随着新加坡社会经济的进一步发展和居民生活水平的提高，2006年以后居民的死亡率总数一直比较低，维持在4.4‰左右。从年龄组分析，幼儿及中青年的死亡率在2006—2012年的7年间变化不大，而60～64岁的死亡率从2006年的9.0‰下降到2012年的7.3‰，65～69岁的死亡率从2006年的14.1‰下降到2012年的11.9‰，70～74岁的死亡率在7年间下降了3.6‰，这从一定程度上说明了新加坡人口老龄化现象的逐渐形成。

表2-6　新加坡不同年龄层的居民具体死亡率（单位：‰）

| 年龄（岁） | 2006 | 2007 | 2008 | 2009 | 2010 | 2011 | 2012 |
|---|---|---|---|---|---|---|---|
|  | 总数 | | | | | | |
| 总数 | 4.4 | 4.5 | 4.4 | 4.3 | 4.4 | 4.5 | 4.5 |
| 1岁以下 | 2.6 | 2.1 | 2.1 | 2.2 | 2.0 | 2.0 | 1.8 |
| 1～4 | 0.1 | 0.1 | 0.2 | 0.2 | 0.1 | 0.2 | 0.2 |

续表

| 年龄(岁) | 2006 | 2007 | 2008 | 2009 | 2010 | 2011 | 2012 |
|---|---|---|---|---|---|---|---|
| 5～9 | 0.1 | 0.1 | 0.1 | 0.1 | 0.1 | 0.1 | 0.1 |
| 10～14 | 0.2 | 0.1 | 0.1 | 0.1 | 0.1 | 0.1 | 0.1 |
| 15～19 | 0.2 | 0.2 | 0.2 | 0.2 | 0.2 | 0.2 | 0.2 |
| 20～24 | 0.4 | 0.4 | 0.4 | 0.4 | 0.3 | 0.3 | 0.3 |
| 25～29 | 0.4 | 0.4 | 0.4 | 0.3 | 0.3 | 0.3 | 0.3 |
| 30～34 | 0.5 | 0.4 | 0.4 | 0.4 | 0.3 | 0.4 | 0.4 |
| 35～39 | 0.7 | 0.6 | 0.7 | 0.6 | 0.6 | 0.5 | 0.6 |
| 40～44 | 1.3 | 1.2 | 1.2 | 0.9 | 1.0 | 0.9 | 0.9 |
| 45～49 | 1.9 | 1.9 | 1.8 | 1.6 | 1.7 | 1.7 | 1.6 |
| 50～54 | 3.2 | 3.1 | 3.2 | 3.0 | 3.0 | 2.8 | 2.5 |
| 55～59 | 5.3 | 5.1 | 5.1 | 4.7 | 4.5 | 4.4 | 4.6 |
| 60～64 | 9.0 | 8.5 | 8.1 | 7.4 | 7.3 | 7.0 | 7.3 |
| 65～69 | 14.1 | 14.1 | 13.9 | 12.8 | 12.5 | 12.6 | 11.9 |
| 70～74 | 23.6 | 25.9 | 24.1 | 21.7 | 20.7 | 19.9 | 20.0 |
| 75～79 | 42.5 | 41.0 | 39.1 | 37.4 | 34.9 | 37.0 | 33.3 |
| 80～84 | 66.8 | 67.7 | 63.0 | 58.3 | 60.4 | 57.4 | 55.7 |
| 85岁以上 | 124.8 | 125.3 | 120.3 | 120.3 | 121.5 | 116.4 | 116.2 |

注：新加坡常住人口包括新加坡公民和永久居民。婴儿死亡率指每一千个1岁以下的新生婴儿一年的死亡率。

资料来源：http：//www.singstat.gov.sg/

由于总死亡率持续下降，由几种常见疾病引起的死亡率也呈现下降之势。但随着生活压力增大和生活方式的变化，有几种疾病还呈上升态势：神经系统和感觉器官疾病产生的死亡率，从2006年的每10万人中的62人升至2012年的166人，由呼吸系统疾病导致的死亡率，从2006年的每10万人中的2 913人升至2012年的3 708人，由泌尿生殖系统疾病引起的死亡率，从2006年的每10万人中的637人升至2012年的934人。由于新加坡道路设施完善和严格的交通管理，与机动车事故相关的死亡率并未上升，自杀造成的死亡率也没有太大波动。

表2-7　2006—2012年新加坡人口一般死亡原因（单位：人）

| 死亡原因 | 2006 | 2007 | 2008 | 2009 | 2010 | 2011 | 2012 |
|---|---|---|---|---|---|---|---|
| 总数 | 16 393 | 17 140 | 17 222 | 17 101 | 17 610 | 18 027 | 18 481 |
| 感染与寄生虫病 | 257 | 307 | 285 | 279 | 269 | 244 | 233 |
| 其中：肺结核 | 66 | 85 | 83 | 75 | 77 | 68 | 65 |
| 肿瘤 | 4 722 | 4 803 | 5 081 | 5 063 | 5 078 | 5 461 | 5 651 |
| 其中：恶性肿瘤 | 4 677 | 4 745 | 5 038 | 5 010 | 5 025 | 5 411 | 5 565 |
| 内分泌 营养和代谢疾病 | 620 | 722 | 551 | 378 | 272 | 356 | 279 |
| 其中：糖尿病 | 536 | 609 | 463 | 290 | 182 | 299 | 268 |
| 血液及造血器官疾病 | 36 | 31 | 46 | 30 | 41 | 41 | 20 |
| 神经系统和感觉器官疾病 | 62 | 64 | 75 | 68 | 92 | 117 | 166 |
| 循环系统疾病 | 5 441 | 5 835 | 5 794 | 5 611 | 5 807 | 5 720 | 5 747 |
| 其中：高血压 | 3 833 | 4 197 | 4 201 | 4 081 | 4 161 | 3 920 | 3 848 |
| 其中：脑血管疾病 | 1 462 | 1 490 | 1 435 | 1 375 | 1 472 | 1 628 | 1 714 |
| 呼吸系统疾病 | 2 913 | 2 948 | 2 989 | 3 188 | 3 434 | 3 493 | 3 708 |
| 其中：肺炎 | 2 244 | 2 375 | 2 387 | 2 614 | 2 766 | 2 879 | 3 096 |
| 消化系统的疾病 | 384 | 392 | 377 | 351 | 436 | 426 | 414 |
| 泌尿生殖系统疾病 | 637 | 739 | 753 | 861 | 893 | 918 | 934 |
| 先天异常 | 70 | 55 | 60 | 60 | 60 | 53 | 54 |
| 其中：先天性心脏异常 | 42 | 40 | 32 | 36 | 35 | 21 | 25 |
| 临产死亡 | 43 | 32 | 39 | 49 | 34 | 49 | 44 |
| 事故 中毒和暴力 | 1 027 | 1 036 | 1 006 | 978 | 973 | 989 | 1 030 |
| 其中：交通事故 | 199 | 232 | 226 | 201 | 208 | 207 | 192 |
| 其中：自杀 | 419 | 374 | 364 | 401 | 353 | 361 | 467 |
| 其他疾病和原因 | 181 | 176 | 166 | 185 | 221 | 160 | 201 |

资料来源：http：//www.singstat.gov.sg/

# 第二节 人口结构

## 一、年龄结构

新加坡5岁以下学龄前年龄组，1957年为264 700人，占人口总数的18.3%，然后持续下降，1990年为228 600人，占人口总数的7.6%，此后一直维持着低水平。5～14岁的学龄组，1970年为569 400，占人口总数的27.4%。此后由于受出生率低的影响而不断减少，1990年为418 800人，占人口总数的13.9%，导致新劳动力供应下降。15～29岁年轻的工作年龄组的人数从1981年的98 500人持续上升到1990年的907 600人，增加了9倍多。30～59岁的工作年龄组的人数也呈快速增加趋势，从1980年的750 000人增加到2000年的1 522 000人，翻了一番。60岁及以上年龄组的人数从1901年的3 700人增加到1990年的258 900人，这90年间增加了将近70倍，这一趋势反映出新加坡进入老龄化状态。进入21世纪后，这一状况仍在持续(参见表2-8)。

表2-8 新加坡各年龄组的人口分布(1957—2006年)

| 年龄组 | 0～4 | 5～14 | 15～29 | 30～59 | 60及以上 | 总计 |
|---|---|---|---|---|---|---|
| | 人数(千人) | | | | | |
| 1957 | 264.7 | 354.4 | 366.7 | 404.8 | 55.3 | 1 444.9 |
| 1970 | 235.4 | 569.4 | 582.9 | 568.5 | 118.3 | 2 074.5 |
| 1980 | 193.7 | 459.4 | 837.1 | 750.1 | 173.6 | 2 413.9 |
| 1990 | 228.6 | 418.8 | 907.6 | 1 207.5 | 258.9 | 3 016.4 |
| 2000* | 213.3 | 485.5 | 671.5 | 1 522.2 | 348.7 | 3 243.2 |
| 2006* | 196.5 | 501.6 | 729.6 | 1 753.4 | 427.3 | 3 608.4 |

续表

| 年龄组 | 0～4 | 5～14 | 15～29 | 30～59 | 60及以上 | 总计 |
|---|---|---|---|---|---|---|
| | 百分比（%） | | | | | |
| 1957 | 18.3 | 24.5 | 25.4 | 28.0 | 3.8 | 100.0 |
| 1970 | 11.4 | 27.4 | 28.1 | 27.4 | 5.7 | 100.0 |
| 1980 | 8.0 | 19.0 | 34.7 | 31.1 | 7.2 | 100.0 |
| 1990 | 7.6 | 13.9 | 30.1 | 40.1 | 8.4 | 100.0 |
| 2000* | 6.6 | 15.0 | 20.7 | 46.9 | 10.8 | 100.0 |
| 2006* | 5.5 | 13.9 | 20.2 | 48.6 | 11.8 | 100.0 |

* 仅指常住居民。

资料来源:[ 新加坡 ]苏瑞福:《新加坡人口研究》, 厦门:厦门大学出版社，2009年版，第39页。

## 二、性别结构

从表2-9来看，0～4岁和5～14岁两个年龄段的男孩比女孩人数相对略高，这可能是因为男孩出生比例高于女孩，但15～29岁和30～59岁这两个年龄段中男性人数要低于女性，比如2007年15～29岁组中男性人数为364.2人，而女性为366.1人，2013年30～59岁组中男性人数为898.3人，而女性为927.1人，原因应该是男性死亡率高于女性所造成的。

**表2-9　常住居民各年龄组和性别的分布（2007—2013年）（单位：千人）**

| 年龄组 | 0～4 | 5～14 | 15～29 | 30～59 | 60以上 | 总计 |
|---|---|---|---|---|---|---|
| 男性 | | | | | | |
| 2007 | 99.1 | 249.8 | 364.2 | 860.8 | 201.7 | 1 775.6 |
| 2008 | 99.1 | 245.3 | 374.3 | 869.4 | 214.9 | 1 803.0 |
| 2009 | 100.7 | 241.2 | 386.4 | 886.5 | 229.9 | 1 844.7 |
| 2010 | 98.9 | 235.5 | 389.2 | 893.0 | 244.3 | 1 860.9 |
| 2011 | 95.9 | 229.4 | 387.9 | 895.8 | 258.9 | 1 867.9 |
| 2012 | 94.9 | 224.7 | 387.9 | 898.3 | 274.4 | 1 880.2 |
| 2013 | 93.5 | 220.6 | 388.0 | 898.3 | 291.1 | 1 891.5 |

续表

| 年龄组 | 0～4 | 5～14 | 15～29 | 30～59 | 60以上 | 总计 |
|---|---|---|---|---|---|---|
| 女性 | | | | | | |
| 2007 | 94.5 | 235.1 | 366.1 | 872.4 | 239.5 | 1 807.6 |
| 2008 | 94.7 | 232.1 | 377.2 | 881.6 | 254.1 | 1 839.7 |
| 2009 | 97.1 | 228.9 | 392.4 | 900.9 | 269.9 | 1 889.2 |
| 2010 | 95.5 | 224.5 | 394.2 | 910.1 | 286.0 | 1 910.3 |
| 2011 | 92.4 | 219.2 | 390.5 | 917.3 | 301.9 | 1 921.3 |
| 2012 | 91.7 | 214.9 | 390.1 | 923.0 | 318.3 | 1 938.0 |
| 2013 | 89.8 | 211.3 | 389.6 | 927.1 | 335.5 | 1 953.3 |

资料来源：http：//www.singstat.gov.sg/

## 三、民族结构

新加坡建国之初就是一个多民族国家，自英国殖民者莱佛士登岛开发以来，华人、印度人、马来人及其他一些民族相继迁入，后者包括阿拉伯人、苏格兰人、荷兰人、阿富汗人、菲律宾人、犹太人及欧亚混血人后裔，由此新加坡被视为“世界人种博物馆”。据2013年统计，新加坡人口384万(包括公民和永久居民)，其中华族占74.2%，马来族占13.3%，印度族占9.1%，其他种族占3.3%。可见，华人、马来人、印度人是新加坡的三大主要民族，这三大民族内部因来源或方言的差异又分成不同的群体。

### (一)主要民族

1. 华人

华人是新加坡最大的族群，新加坡是中国之外唯一以华族人口占多数的国家。华人，指拥有中国血统或者祖先源自中国的人士，从祖籍地域可分为六大帮群：福建帮、潮州帮、广州帮、客家帮、海南帮及三江帮；在语言上，大致形成粤语、闽南语、潮州话等九大方言；从教育程度看，又有受英语教育者和受华语教育者的不同；还可以划分为老一代、中生代和新生代三种华人，老一代是出生在中国后来新加坡创业的一代，中生代是在新加坡出生但接受华文教育或自小来新加坡并接受英文教育的一代，新生代主要指第二次世界大战后在新加坡出生并接受英语教育的一代。华人最早移民到新加坡的历史可以起算到19世纪初英国在新加坡开始建立殖民统治之时，2012年华人为2 832 000人，华人一直是新加坡民族的主要组成部分。为了将华人统一起来，政府一直鼓励他们在工作场所和家里将普通话作为共同的语言。华人文化水平较高，生活比较富裕，目前从事的职业和经济活动涉及各行各业，例如制造业、建筑业、交通运输与通讯业、金融保险业等。

2. 马来人

马来人是指所有具有马来西亚或印度尼西亚血统的人，可细分为马来人、爪哇人、武吉斯人、邦加人、米南加保人等，被看作是新加坡的土著人。2012年马来人有509 000人，是新加坡第二大民族。他们读写语言可能会有所不同，但在新加坡他们通常使用马来语进行交流。在英国殖民统治时期，马来人多从事农业、水果种植和捕鱼。新加坡独立后，他们大都参加当地经济、文化教育等现代化建设。

3. 印度人

印度人是指所有来自印度次大陆的人，包括印度人、巴基斯坦人、孟加拉人及斯里兰卡人，还可以细分为泰米尔人、马拉雅兰人、旁遮普人等。在印度和新加坡同为英国殖民地时期，大量印度人移入新加坡。2012年印度人有351 000人，是新加坡第三大民族。除了持不同的语言外，印度人的不同群体也有着不同的书面语言。19世纪后移入新加坡的印度人，除了开垦丛林、种植劳动外，主要从事修建公路、港口、桥梁等建筑行业。随着新加坡社会的发展，印度人受教育机会逐渐增多，商人、工程师、医生、教师和律师等也成为他们选择和胜任的职业。

表2-10 2012年6月新加坡居民的年龄、人种和性别(单位：万人)

| 种族/性别 | 总数 | 0～4 | 5～9 | 10～14 | 15～19 | 20～24 | 25～29 | 30～34 | 35～39 |
|---|---|---|---|---|---|---|---|---|---|
| 总数 | 3 818.2 | 186.7 | 206.3 | 233.3 | 258.9 | 264.5 | 254.6 | 295.4 | 314.0 |
| 男性 | 1 880.0 | 94.9 | 105.0 | 119.7 | 132.1 | 132.7 | 123.1 | 140.7 | 152.3 |
| 女性 | 1 938.2 | 91.7 | 101.3 | 113.6 | 126.8 | 131.8 | 131.5 | 154.7 | 161.7 |
| 中国人 | 2 832.0 | 127.7 | 134.6 | 158.1 | 182.5 | 189.2 | 182.8 | 213.5 | 230.4 |
| 男性 | 1 385.6 | 65.5 | 68.9 | 81.5 | 93.4 | 95.1 | 88.9 | 101.4 | 109.4 |
| 女性 | 1 446.4 | 62.2 | 65.6 | 76.6 | 89.1 | 94.1 | 93.8 | 112.0 | 121.0 |
| 马来西亚人 | 509.5 | 30.9 | 34.1 | 41.5 | 46.7 | 47.8 | 39.6 | 32.5 | 31.0 |
| 男性 | 253.6 | 15.7 | 17.5 | 21.5 | 24.2 | 24.5 | 20.0 | 15.9 | 15.0 |
| 女性 | 255.9 | 15.1 | 16.6 | 20.0 | 22.5 | 23.4 | 19.7 | 16.6 | 16.0 |
| 印度人 | 351.0 | 20.4 | 27.3 | 24.4 | 22.8 | 22.2 | 25.1 | 35.3 | 35.8 |
| 男性 | 180.9 | 10.0 | 13.6 | 12.3 | 11.4 | 10.9 | 11.6 | 17.5 | 20.1 |
| 女性 | 170.1 | 10.3 | 13.7 | 12.2 | 11.4 | 11.3 | 13.5 | 17.8 | 15.7 |
| 其他 | 125.7 | 7.7 | 10.4 | 9.2 | 6.9 | 5.3 | 7.1 | 14.1 | 16.8 |
| 男性 | 59.9 | 3.7 | 5.0 | 4.4 | 3.2 | 2.3 | 2.6 | 5.8 | 7.7 |
| 女性 | 65.8 | 4.1 | 5.3 | 4.9 | 3.7 | 3.0 | 4.5 | 8.2 | 9.0 |

| 种族/性别 | 40～44 | 45～49 | 50～54 | 55～59 | 60～64 | 65～69 | 70～74 | 75～79 | 80～84 | 85及以上 |
|---|---|---|---|---|---|---|---|---|---|---|
| 总人数 | 308.8 | 320.9 | 310.4 | 271.8 | 214.0 | 128.9 | 104.4 | 67.7 | 44.1 | 33.6 |
| 男性 | 151.2 | 161.1 | 156.6 | 136.4 | 105.8 | 62.4 | 47.9 | 29.7 | 17.5 | 11.1 |
| 女性 | 157.6 | 159.8 | 153.8 | 135.4 | 108.2 | 66.5 | 56.5 | 38.0 | 26.6 | 22.5 |
| 中国人 | 228.3 | 237.4 | 237.2 | 217.1 | 175.8 | 107.9 | 88.5 | 55.6 | 36.8 | 28.8 |
| 男性 | 108.9 | 117.9 | 118.8 | 108.6 | 87.0 | 52.2 | 40.7 | 24.4 | 14.1 | 8.7 |
| 女性 | 119.3 | 119.5 | 118.4 | 108.4 | 88.7 | 55.7 | 47.8 | 31.2 | 22.7 | 20.1 |
| 马来西亚人 | 34.0 | 43.7 | 41.0 | 31.5 | 21.2 | 11.7 | 8.9 | 7.0 | 3.9 | 2.4 |

续表

| 种族/性别 | 40～44 | 45～49 | 50～54 | 55～59 | 60～64 | 65～69 | 70～74 | 75～79 | 80～84 | 85及以上 |
|---|---|---|---|---|---|---|---|---|---|---|
| 男性 | 16.5 | 21.5 | 20.5 | 15.5 | 10.0 | 5.5 | 3.9 | 3.0 | 1.6 | 1.1 |
| 女性 | 17.5 | 22.2 | 20.5 | 16.0 | 11.2 | 6.2 | 5.0 | 4.0 | 2.2 | 1.3 |
| 印度人 | 31.2 | 28.3 | 24.3 | 18.3 | 13.7 | 7.4 | 5.8 | 4.1 | 2.8 | 1.8 |
| 男性 | 18.3 | 15.6 | 13.0 | 9.4 | 6.7 | 3.6 | 2.6 | 1.8 | 1.5 | 1.1 |
| 女性 | 13.0 | 12.6 | 11.3 | 8.9 | 6.9 | 3.9 | 3.2 | 2.3 | 1.3 | 0.7 |
| 其他 | 15.3 | 11.6 | 7.9 | 5.0 | 3.4 | 1.8 | 1.2 | 0.9 | 0.7 | 0.5 |
| 男性 | 7.5 | 6.1 | 4.3 | 2.8 | 2.0 | 1.1 | 0.6 | 0.4 | 0.3 | 0.2 |
| 女性 | 7.8 | 5.5 | 3.6 | 2.2 | 1.4 | 0.7 | 0.6 | 0.5 | 0.4 | 0.3 |

注：新加坡常住人口包括新加坡公民和永久居民。

资料来源：http：//www.singstat.gov.sg/

### （二）新加坡的民族问题

建国初期，新加坡国力十分弱小，经济基础薄弱，政局动荡，社会秩序混乱，失业现象严重，资源和市场严重依赖马来西亚、印度尼西亚等邻国，军事几乎是空白。民族冲突不时发生，1964年7月21日就发生了严重的民族骚乱。

新加坡华人占总人口的3/4，包括李光耀在内的新加坡领导人多数是华人，这种状况易形成大华人沙文主义。在地理位置上，新加坡与马来西亚、印度尼西亚为邻，位于东南亚穆斯林世界的中心，这种地缘决定了新加坡的国内民族关系状况必定会与周边国家的族群关系发生相互影响，引起其他国家的疑虑和连锁反应。从国际形势看，冷战时期西方阵营将东南亚地区的华人看作中国在该区域的“第五纵队”，由于华人在新加坡占多数，国内其他民族和一些邻国都担心新加坡成为“海外中国”或“第三中国”。在上述内外局势的压力之下，新加坡要想求得生存和发展，必须力争国内的稳定及与周边国家关系的协调，在涉及敏感的民族问题时，自然要格外谨慎，有意淡化华人意识，优待马来民族，尽可能避免因民族问题而致国家四分五裂。

早在新加坡独立时，李光耀就清醒意识到："新加坡既不是一个马来人的国家，也不是一个华人的国家，更不是印度人的国家，而是一个综合民族国家，也是一个民族独立的国家。"如何在夹缝中求生存，一直是每一代新加坡领导人必须加以重视的问题，而民族问题又是其中一个重要的考量因素。

### （三）新加坡的民族政策

由于人民行动党对民族问题重要性的清醒认识和采取了行之有效的多民族和谐政策，在新加坡这样一个多族群的城市国家，独立后再没有发生过大的民族冲突，民族之间的相互宽容、尊重、平等、团结已成为一种社会风尚。多民族和谐政策的基本含义是：政府在承认新加坡是多民族、多元宗教和多元文化的社会基础之上，平等对待国内各民族，提倡各民族相互接近，促进各民族文化相互交流、相互容纳、相互补充，最终形成一种既包括各民族独特文化，又为各民族一致认同的国民文化。[①]多民族和谐政策的主要内容如下：

1. 构建一套独具特色的共同价值观体系

淡化民族意识，促进各民族对国家的认同感，建立为各民族所认同的价值观体系，成为新加坡政府努力的方向。1991年，国会批准了政府提交的《共同价值观白皮书》，以立法形式为新加坡各民族确立共同的价值观：（1）国家至上，社会为先；（2）家庭为根，社会为本；（3）关怀扶助，尊重个人；（4）求同存异，协商共识；（5）民族和谐，宗教宽容。这五大共同价值观提出后，被在各种场合、使用各种方法大力践行，取得了理想效果。

新加坡政府和领导人十分注重培植国民的国家意识。政府为此专门成立了"国家意识委员会"，从1988年起每年都要开展一次"国民意识周"活动，在国民中开展各种爱国主义教育，向国民灌输"我是新加坡人"的国家

① 毕世鸿编著：《新加坡概论》，广州：世界图书出版公司，2012年版，第64～75页。

意识，增强国民对新加坡的认同感和归属感。李光耀多次强调新加坡国民要做新加坡人："我们不是马来人，不是中国人，不是印度人，不是西欧人，我们应该不管人种、语言、宗教和文化方面的差别，大家作为新加坡人团结起来。"①1990年12月，吴作栋接任政府总理，继续将建立"一个民族，一个国家，一个新加坡"的昌盛优雅的社会确定为新政府的奋斗目标。

学校德育是新加坡培育共同价值观的重要渠道。独立后的第二年，教育部就开始起草全面的道德教育和社会训诫计划，并颁布了公民训练综合大纲，强调对学生进行爱国、效忠和公民意识的培养。1970年代以来，学校德育课的设置和课程名称虽历经多次改革和变更，但一直是新加坡中小学的必修课。随着《共同价值观白皮书》的颁布，新加坡中小学德育课着重围绕其中的五大共同价值观展开，注重培养学生的国家意识、公民意识、合作意识和宽容意识，以及进行社会公德、家庭美德教育等。

2. 保证各民族在政治和法律上的平等地位

关于华人与其他民族的关系，李光耀多次指出："如果这是一个中国沙文主义社会，那么失败是肯定的。我们必须尽力建立一个基于平等原则的模范的、多民族的社会。"占新加坡人口大多数的华人，在国家政治、经济、社会等领域发挥着重要作用，但政府从未给华人在教育、经商和就业等方面以任何特权，华人也没有凌驾于其他民族之上的优越感，新加坡也力图避免给人以"华侨之国"的印象。相反，新加坡政府还对除华人以外的其他民族，特别是马来族的利益予以一定的照顾。人民行动党70%以上是华人，难免被认为是华人利益的代言人，所以淡化执政党的华人色彩，增加少数民族参政议政的机会，制定政策要兼顾少数民族利益，就成为人民行动党成立之初就高度重视的治国态度。《新加坡共和国宪法》第89条第一款规定："始终不渝地保护新加坡少数民族和少数宗教集团的利益，应是政府的职责。"第二款更加明确了对马来族的优惠政策："政府应承认新加坡本土

① 张青:《出使新加坡》，北京：中央文献出版社，2002年版，第177～178页。

人民马来人的特殊地位，政府应以这种态度行使其职能，因而保护、保障、支持、照顾、促进马来人在政治、教育、宗教、经济、社会和文化方面的利益和马来语言，应是政府的职责。”如此，新加坡多元民族政策的实施就有了宪法依据。

在立法权和选举权方面，少数民族的利益得到特别保障。总统之下专设了“少数民族团体权益委员会”，一项方案经国会通过后，还必须由该委员会审议确认其中无民族歧视和宗教歧视的内容，才可提交总统批准。人才立国和精英政治是人民行动党管理国家的有效经验，但为了保护少数民族的权益，鼓励其参政的热情，而主动选择在人才选拔上对少数民族降低标准。1980年代以来，新加坡政府更加重视马来人和印度人的政治诉求，一个重要的结果就是1988年通过立法，推行集选区制度，以保证议员中有一定比例的少数民族人选。新加坡全国划分为两种选区即单选区和集选区，在单选区，一对一的竞争可能使得少数民族候选人处于较弱地位而当选的几率不大，因为新加坡实行的是多数票制，这一制度明显有利于大党派和人数较多的民族。而在集选区中，每个集选区同时选出3名议员，其中至少有一名马来人、印度人或其他少数民族的人选。随着集选区在全国的扩展，少数民族议员人数也逐步增加。

新加坡政府还通过颁布法律法规，防止民族沙文主义形成，严格规定宗教活动的范围，避免宗教仇恨，引导新闻媒体提倡民族互相宽容之风气，严厉打击破坏民族和谐的各种言行。

3. 承认民族差异的前提下，对少数民族做出优惠安排

独立之前和独立后一段时间，在新加坡的三大主要民族中，华人受教育程度较高，生活相对富裕，印度人中也有一部分是医生、商人、律师、银行家、公务员等，而马来人则多数从事农业、渔业、小商业，在社会经济发展中处于相对落后地位。新加坡首先设立了“总统咨询委员会”，专门处理马来人及伊斯兰教事务。1970年还成立了隶属于总统的“少数民族团体权益委员会”，其宗旨是“在民族与宗教歧视问题上就议会通过的议案向

议会和政府提出建议”，主要职责是检查政府或国会有无发生任何侵犯民族或宗教团体权益的情形，并就部长做出的禁令进行审议和提出建议。新加坡政府还落实了一些针对马来人的具体优惠措施，如为他们提供住房补贴、从小学到大学的免费教育、职业培训，等等。

新加坡在语言问题上的政策也体现了对民族平等的重视，特别是对马来人的尊重。新加坡的官方语言有四种，即英语、华语、马来语、泰米尔语，其中英语是行政用语，马来语是国语，相应地新加坡国歌和军队口令也使用马来语。新加坡不像一般国家那样以主体民族的母语为国语（在新加坡即是华语），而是在宪法中明确规定马来语为其国语，这使得马来语的地位得到保持，另一方面也造成了华语在事实上的不受重视，甚至受到不同形式的限制。虽然多种语言的混合使用给日常生活带来一些困难，但也使得它们在某种程度上显得是平等的。马来语的国语地位基本不给日常生活造成困扰，因而也没有导致大的争端，各民族也能在这种语言政策下相安无事。①

4. 外交政策服务于民族和谐目标

新加坡资源匮乏、国小力弱，出于安全和经济等方面原因的考虑，政府十分注重发展与以马来人为主体民族的马来西亚和印度尼西亚等邻国的关系，一直把保持与它们的正常关系作为重要的外交目标。这样的政策自然赢得其国内的马来族的肯定和支持。另一方面，自独立后很长一段时间，新加坡在处理外交关系时，并没有强调与华人的母国——中国的特殊关系，反而刻意淡化这种关系。虽然新加坡和中国并不存在悬而未决的历史问题，也不存在重大利益争端，但新加坡直到马来西亚和印度尼西亚相继同中国建交或恢复邦交之后的1990年，才与中国正式建立外交关系。这虽然是出于多方面的原因，但同新加坡在国内执行的民族政策不无关系。之所以如此，是因为新加坡比较重视马来族的利益，针对一度出现的华人沙文主义，

① 卢光盛：《新加坡的多元民族政策》，载《东南亚纵横》，1998年第4期。

采取淡化华族意识，甚至加以限制的政策，以此在国内民族关系中，特别是华族和马来族的关系中，起到某种平衡作用，尽量避免因与母国的关系问题而导致国内的民族纷争。

## 四、文化程度构成

新加坡自1965年独立以来，就十分重视国民教育，以“人才立国”为原则。2012年底，新加坡共有各类学校和教育机构741所，教师3.3万人，15岁以上国民中具有读写能力的占96.4%。[①]

从识字率看，10岁及以上年龄组中每千人的识字人数从1957年的523人上升到1970年的722人，再到1980年的840人。这一时期，华人的识字率提高最快，每千人的识字人数增加了364人，马来人识字人数增加了243人，印度的识字人数增加较少，仅为146人。2000年新加坡每千人的识字人数为925人。在过去大约30年间，女性的识字率比男性提高显著，从1957到1980年每千人中男性识字率从686人增长到915人，女性则从336人增长到762人。这反映，在教育和就业方面，新加坡都出现了有利于女性的新变化。[②]

表2-11 不同族群和性别的总体文化水平（1957—2000年）（单位：每千人）

| 族群 | 1957 | 1970 | 1980 | 1990* | 2000* |
|---|---|---|---|---|---|
| | 总数 | | | | |
| 所有族群 | 523 | 722 | 840 | 901 | 925 |
| 华人 | 462 | 697 | 826 | 895 | 921 |
| 马来人 | 622 | 770 | 865 | 917 | 936 |
| 印度人 | 752 | 839 | 898 | 930 | 951 |
| 其他人 | 940 | 959 | 977 | 974 | 971 |
| | 男性 | | | | |

① 《对外投资合作国别（地区）指南：新加坡》（2013年版），中国商务部网站：http://www.mofcom.gov.cn/

② ［新加坡］苏瑞福著，薛学了、王艳等译：《新加坡人口研究》，厦门：厦门大学出版社，2009年版，第47页。

续表

| 族群 | 1957 | 1970 | 1980 | 1990* | 2000* |
|---|---|---|---|---|---|
| 所有族群 | 686 | 838 | 915 | 955 | 966 |
| 华人 | 626 | 820 | 909 | 953 | 963 |
| 马来人 | 821 | 892 | 932 | 967 | 976 |
| 印度人 | 816 | 886 | 928 | 953 | 975 |
| 其他人 | 972 | 975 | 985 | 982 | 988 |
| | 女性 | | | | |
| 所有族群 | 336 | 601 | 762 | 847 | 886 |
| 华人 | 295 | 575 | 744 | 838 | 880 |
| 马来人 | 392 | 642 | 793 | 865 | 899 |
| 印度人 | 550 | 759 | 857 | 904 | 926 |
| 其他人 | 905 | 942 | 967 | 966 | 957 |

* 仅指常住居民。

资料来源:[新加坡]苏瑞福:《新加坡人口研究》,厦门:厦门大学出版社,2009年版,第47页。

在中学以下、中学、大专及大学等几个教育层次看，新加坡居民的受教育水平逐步提高，表现在中学以下教育程度的居民减少幅度大，从1980年的每百人中的83人减少到2000年的45人，到2012年为32人；同时，大学教育程度的居民稳步提高，从1980年的每百人中的2.7人增加到2000年的12人，到2012年为25.7人。为了培养足够的专门技术人才、管理人员和熟练工人，新加坡政府积极发展职业教育，受职业教育的居民从1990年的每百人中的3.6人增加到2000年的9.8人，到2012年为13.9人。新加坡居民平均学习年数也是稳步增长，从1980年的4.7年增加到2012年的10.3年。从2000年开始的统计数据看，女性的学习年数比男性少一年左右。

**表2-12　1980—2012年新加坡居民受教育水平(单位：每百人)**

| 年份 | 1980 | 1990 | 2000 | 2010 | 2012 |
|---|---|---|---|---|---|
| 中学以下 | 83.1 | 63.3 | 45.3 | 34.5 | 32.3 |
| 中学 | 9.5 | 23.6 | 24.0 | 19.0 | 19.0 |

续表

| 年份 | 1980 | 1990 | 2000 | 2010 | 2012 |
|---|---|---|---|---|---|
| 大专（非高等教育） | — | 4.7 | 8.9 | 9.5 | 9.1 |
| 文凭与职业教育 | — | 3.6 | 9.8 | 13.3 | 13.9 |
| 大学 | 2.7 | 4.7 | 12.1 | 23.7 | 25.7 |

注：统计对象是25岁及以上的非学生居民。

资料来源：http：//www.singstat.gov.sg/

**表2-13 新加坡居民平均学习年数（1980—2012年）（单位：年）**

| 平均学习年数 \ 年份 \ 居民 | 1980 | 1990 | 2000 | 2010 | 2012 |
|---|---|---|---|---|---|
| 平均学习年数 | 4.7 | 6.6 | 8.6 | 10.1 | 10.3 |
| 男 | 5.6 | 7.3 | 9.2 | 10.6 | 10.9 |
| 女 | 3.7 | 5.9 | 8.1 | 9.7 | 9.9 |

统计对象是25岁及以上的非学生居民。

资料来源：http：//www.singstat.gov.sg/

## 五、宗教信仰构成

新加坡是多民族国家，也是多宗教的国家，来自世界各地的民族将自己的宗教带到了这里，称得上是“世界宗教的大观园”。除佛教、道教、伊斯兰教、印度教、基督教、天主教几个大的教派外，耆那教、锡克教、犹太教、拜火教在新加坡都有各自的组织，华人在新加坡还新创了“儒、释、道”三教合一和“儒、道、释、耶、回”五教合一的宗教。

### （一）主要宗教

根据新加坡2010年人口普查统计，新加坡15岁及以上总人口为310.5万，其中52.7万人无宗教信仰，占17%，83%的人口信仰佛教、道教、伊斯兰教、印度教等宗教。具体而言，佛教信徒为103.2万人，占信徒总数的33.2%；道教信徒33.9万人，占10.9%；伊斯兰教徒45.7万人，占14.7%；基督徒、天主教信徒56.9万人，占18.3%；印度教信徒15.7万人，占5.1%。佛教、道教、印度教、伊斯兰教和基督教，是新加坡的五大宗教。

**表2-14　2010年新加坡居民各民族宗教信仰情况（单位：人，%）**

| 宗教类别 | 各宗教信徒总人数 | 各民族各宗教信徒人数及其所占比重（%） | | | |
|---|---|---|---|---|---|
| | | 华人 | 马来人 | 印度人 | 其他民族 |
| 佛教 | 1 032 879 | 1 009 158（97.7） | 628（0.06） | 2 022（0.2） | 21 070（2.0） |
| 道教 | 339 149 | 338 406（99.7） | 120（0.03） | 31（0.009） | 593（0.17） |
| 基督教 | 569 244 | 472 636（83.0） | 2 680（0.47） | 34 024（5.97） | 59 904（10.5） |
| 伊斯兰教 | 457 435 | 8 332（1.82） | 382 017（83.5） | 57 546（12.5） | 9 540（2.08） |
| 印度教 | 157 854 | 312（0.20） | 401（0.25） | 156 339（99.0） | 803（0.50） |
| 其他宗教 | 10 891 | 7 888（72.4） | 197（1.80） | 1 731（15.9） | 1 075（9.87） |
| 无宗教信仰 | 527 553 | 512 717（97.2） | 872（0.16） | 2 940（0.55） | 11 024（2.09） |

注：统计人口为不小于15岁者。

资料来源：http：//www.singstat.gov.sg/

1. 佛教

佛教是新加坡的第一大宗教，佛教信徒占总人口的33%，由华人带入新加坡，华人是佛教的主要信徒，占了所有佛教信徒的97.7%。大乘佛教是新加坡最具势力的佛教派别，其次是南北传和金刚乘。19世纪初，佛教随着华人移民新加坡开始传播，1903年爱尔兰和尚达摩卢迦创建了新加坡佛教传教会，这是新加坡第一个佛教组织。1926年，中国和尚太虚组织星洲讲经会，继而创办了新加坡中华传教会和佛教青年部等组织。新加坡佛教在发展中逐渐形成了两大派系：以厦门派为主的闽派和以宗绕和尚的“达”字辈弟子为多的粤派，两大派系多属于中国佛教的禅宗和净土宗。

新加坡独立后，兴建了大批寺院、庵堂，佛教获得兴盛发展。新加坡全国寺庙林立，香火旺盛，属于北传佛教的寺庙超过150所，南传上座部佛教的寺庙约有20余所，著名的佛寺有双林寺、千灯寺、普觉禅寺等。目前，新加坡的佛教组织大约有60多个，主要有：新加坡佛教僧迦联合会、世界佛学社、新加坡佛教联盟、佛教青年联合会、佛教居士林等。[①]各个佛教团体主办各种宗教、文化、社会福利计划等活动，拉近佛法与公众的距离。同时，佛教组织和佛教徒创办佛教学校，如菩提学校、弥陀学校和女子佛学院等，还出版发行佛教刊物，推动佛学研究和传播。一些规模较大的寺庙开办养老院、慈善医院，照顾贫弱者，有的甚至开办工厂收容经过改造的吸毒者和罪犯，借此顺应时代发展，弘扬佛法慈悲。[②]

2. 道教

道教是中国的本土宗教，很早以前随着华人移民新加坡而被传入，道教信徒约占总人口的11%，其中华人教徒占97%。道教是多主神崇拜，崇奉的神以大伯公、马祖、天上圣母等最为普遍。由于新加坡为海港，以海运为主业，马祖被视为海上保护神，所以信仰马祖最为盛行。新加坡的道教组织有新加坡道教总会、新加坡三清道教会、新加坡茅山德学道教会等，其中新加坡道教总会与中国大陆道教界交流比较多。

3. 印度教

印度教由印度人带入新加坡，印度教信徒有99%是印度人，印度教严

① ［新加坡］苏瑞福著，薛学了、王艳等译：《新加坡人口研究》，厦门：厦门大学出版社，2009年版，第77页。
② 蔡锡梅：《新加坡》，重庆：重庆出版社，2007年版，第14页。

格遵守种姓制度。新加坡的印度教寺庙众多，其中最古老、最有影响的是建于1843年的玛里亚曼寺，还有建于1859年的丹达尤答巴尼庙，以及罗格普勒姆塔。印度教组织主要有印度教咨询会、印度教布施基金会、罗摩克里希纳教会新加坡活动中心等。

4. 伊斯兰教

新加坡伊斯兰教的发展源于20世纪初马来西亚、印度尼西亚、印度和巴基斯坦的穆斯林大规模移民到新加坡。新加坡穆斯林约有45.7万人，占总人口的14.7%，马来或巴基斯坦血统的信徒一般归属伊斯兰教的逊尼派。新加坡的回教堂有80多座，其中比较著名的有苏丹清真寺、纳宫清真寺、阿尔阿布拉清真寺等。新加坡的伊斯兰教组织也比较多，1967年成立的新加坡回教理事会是新加坡伊斯兰教的最高领导组织，协助政府处理有关穆斯林事务，修理、管理清真寺，负责社会各界对穆斯林的捐助、援助及朝觐等事项，它还办有6所全职的宗教学校。另外一个重要的组织是新加坡回教传道师协会，负责推广和传播伊斯兰教义，出版伊斯兰读物，此外还有伊斯兰教协会、伊斯兰教联盟等。

5. 基督教

基督教是1819年新加坡开埠时传入的，19世纪30年代，罗马天主教、美国新教相继传进新加坡，一些华人也开始信仰基督教。新加坡基督徒占人口的18%，华人信徒占83%。新加坡基督徒中，一部分是天主教徒，一部分是新教徒，到2010年基督徒共计56万，其中天主教徒约21万，新教徒约35万。[①]新加坡全国共有260多座教堂，其中最著名的是圣安德烈教堂和亚美尼亚大教堂。新加坡的基督教组织众多，约占新加坡宗教团体的半数，主要有全国基督教理事会、新马基督教联合会、中华基督教联合会、亚洲基督教协会、基督教青年会等。[②]

① ［新加坡］苏瑞福著，薛学了、王艳等译:《新加坡人口研究》，厦门：厦门大学出版社，2009年版，第79页。
② ［新加坡］李光耀:《李光耀40年政论选》，北京：时代出版社，1996年版，第312页。

### （二）新加坡的宗教和谐政策

像对待民族问题一样，新加坡政府对国内各种宗教采取平等、中立的立场，实行多元、和谐的宗教政策，保证了各宗教各派别和平共处、相互宽容、共同兴旺，培养了各民族互相尊重的精神，营造了全社会团结合作的和谐氛围，为这个多民族、多宗教、多元文化的移民国家奠定了稳定的政治环境。

第一，不设国教，实行宗教信仰自由政策，平等对待每一种宗教，积极促进宗教之间的和谐。宪法第15条规定：人人都有权信奉并宣扬自己信仰的宗教；始终不渝地保护新加坡少数民族和少数宗教集团的利益，应是政府的职责。在宪法保护下，新加坡现存的宗教派别都被承认是合法的，都能够招收信徒，按照教义教规开展宗教活动，信奉任何宗教的人在社会各种场合不受歧视，各宗教团体不能越界争取信徒和改变他人信仰。各宗教团体办理教务自由，可以开办宗教学校，出版宗教刊物，举办各种社会公益事业。

第二，实行严格的政教分离，坚决反对宗教组织干涉政治，不允许因宗教原因导致不同宗教之间的冲突、社会秩序的破坏甚至国家的分裂，新加坡在宪法、法律及国家领导人讲话中对此反复强调。新加坡社团法第24条规定，社团被使用于不合法的目的或者有悖于新加坡的社会安宁、福利或者良好秩序的目的，将遭到解散。新加坡政府也一直要求：部长和议员不论信仰何种宗教，在处理选民事务时，都必须格外意识到非宗教的必要性，因为他们代表许多不同宗教信仰，或是无宗教信仰的选民。当然，国家鼓励宗教在弘扬宗教道德和提供社会服务方面发挥重要作用，比如提倡不说谎、不欺诈、不偷窃等美德，积极从事教育、社区矫正、帮扶老人和残疾人等公益事业。

第三，利用多种途径促进各宗教间保持和睦、容忍和节制，提倡共同价值观，增强宗教间的凝聚力。1989年12月，新加坡政府发布《宗教和谐白皮书》，规定了各宗教团体在处理与其他宗教关系时必须遵循的准则，主要内容是尊重他人信仰自由，约束本教教徒对其他宗教的不敬，不仇视或以暴力对待其他宗教或宗教团体等。2003年7月，政府又发布了《宗教和谐申明》，鼓励新加坡人在每年的民族和谐日的一周内朗读此申明。为了促进宗教间相互理解和防止宗教冲突，政府还制定了《宗教和谐准则》，并要求在社区、学校和工作场所设立“族群互信圈”、“和谐圈”。早在1982年，政府宣布将佛教知识、伊斯兰教知识、圣经知识、印度教知识、锡克教知识、世界宗教知识和儒家伦理一起，列为中学三四年级的选修课程，期望通过维护和继承以宗教为核心的传统价值观，在青年一代中培养宗教和谐与宽容。

第四，通过立法确立维护宗教和谐的基本原则，惩处破坏宗教和谐的行为。1990年，新加坡通过《维持宗教和谐法案》，规定了宗教与国家的相互关系，以此作为宗教团体与信徒在处理与其他宗教关系时必须遵守的准绳。政府有权对违反法律原则的行为进行制止和处罚，如有人蓄意煽动仇视另一宗教团体，部长有权命令停止此种具有挑拨性的言论，如果违抗命令，将被控上法庭处以罚款或监禁。根据《煽动法》，不同民族或不同阶层的人民相互猜疑和敌对的行为，是煽动性的行为。《刑事法》还特别将关涉宗教的犯罪行为，如损坏或亵渎宗教场所、干涉宗教集会、恶意伤害他人宗教感情，列为刑事罪行予以打击。

# 第三节　劳动人口

## 一、劳动力资源

表2-15显示，1957年在新加坡从事经济活动者有471 600人，到1970年达到717 200人，13年间增长了52.1%，而到1980年则为1 112 100人，超过了100万人，10年间增长了55.0%。从事经济活动者的数字还在继续增加，在接下来的10年内增长率为40.5%，到1990年达到1 562 800人，在1990—

2000年这段时期，增长率为40.3%，到2000年统计为2 192 300人。但在2000—2005年这5年间，劳动力的人数仅增长了8.0%，2005年为2 367 300人。20世纪70年代是新加坡经济快速发展时期，所以劳动力增长率高，但随后的低增长反映了劳动力短缺，因为1975年生育率快速下降到了人口更替水平。[①]

由于生育率远低于人口更替水平的状况一直未改变，并且在大规模移民受政策限制的前提下，新加坡的劳动力不足问题比较突出。政府对经济政策和产业模式进行了相应调整，从劳动密集型产业转向资本和技术密集型产业，进行技术升级换代，大力发展服务业、金融业、旅游业、交通运输业等。

有一个现象比较明显：在过去40年里，女性劳动力比男性劳动力增长速度快，在1957—1970年、1970—1980年和1980—1990年三个阶段，女性的增长率分别为120.8%、109.0%和63.9%，男性的相应增长率分别为37.4%、36.5%、28.2%。1990—2000年时期，女性劳动力的增长率只有38.1%，低于男性的41.8%，但在2000—2005年间两者都是快速增长。女性劳动力的迅速增加，可能是由于女性接受教育程度的提高、社会对女性就业态度的改善和新加坡经济的快速发展等所带来的变化。尤其，在一些诸如纺织、电子、金融和餐饮等劳动密集型行业，女性可以获得更多就业岗位。

表2-15　按经济活动与性别划分的15岁及以上人口情况（1957—2005年）

| 经济活动状态 | 人口（千人） | | | | | | 两次人口普查期间的增长率（%） | | | | |
|---|---|---|---|---|---|---|---|---|---|---|---|
| | 1957 | 1970 | 1980 | 1990 | 2000 | 2005 | 1957—1970 | 1970—1980 | 1980—1990 | 1990—2000 | 2000—2005 |
| | 总数 | | | | | | | | | | |
| 从事经济活动人口 | 471.6 | 717.2 | 1 112.1 | 1 562.8 | 2 192.3 | 2 367.3 | 52.1 | 55.0 | 40.5 | 40.3 | 8.0 |

① ［新加坡］苏瑞福著，薛学了、王艳等译：《新加坡人口研究》，厦门：厦门大学出版社，2009年版，第281页。

续表

| 经济活动状态 | 人口（千人） | | | | | | 两次人口普查期间的增长率（%） | | | | |
|---|---|---|---|---|---|---|---|---|---|---|---|
| | 1957 | 1970 | 1980 | 1990 | 2000 | 2005 | 1957—1970 | 1970—1980 | 1980—1990 | 1990—2000 | 2000—2005 |
| 非从事经济活动人口 | 355.3 | 552.4 | 648.7 | 806.2 | 1 005.0 | 1 142.6 | 55.5 | 17.4 | 24.3 | 24.7 | 13.7 |
| | 男性 | | | | | | | | | | |
| 从事经济活动人口 | 388.5 | 533.8 | 728.6 | 934.3 | 1 324.3 | 1 376.5 | 37.4 | 36.5 | 28.2 | 41.8 | 3.9 |
| 非从事经济活动人口 | 54.3 | 114.9 | 165.7 | 247.8 | 308.8 | 382.8 | 111.6 | 44.2 | 49.5 | 24.6 | 24.0 |
| | 女性 | | | | | | | | | | |
| 从事经济活动人口 | 83.1 | 183.5 | 383.5 | 628.5 | 868.0 | 990.7 | 120.8 | 109.0 | 63.9 | 38.1 | 14.1 |
| 非从事经济活动人口 | 301.0 | 437.6 | 483.1 | 558.4 | 696.2 | 759.9 | 45.4 | 10.4 | 9.6 | 24.7 | 9.1 |

资料来源：[新加坡]苏瑞福：《新加坡人口研究》，厦门：厦门大学出版社，2009年版，第280页。

## 二、劳动力结构

新加坡的劳动参与率在1957—1970年间稳定在57%的水平，此后增长到1980年的63.2%和1990年的66.0%。1970—1980年间的快速增长是因为其时的经济较快发展，随后的平稳水平则归因于劳动力的短缺。2000年和2005年的统计数据显示，新加坡的劳动参与率分别为61.7%和67.4%。

同世界其他国家类似，新加坡的女性劳动参与率要低于男性。1957年，女性的劳动参与率为21.6%，男性则高达87.7%。此后由于女性就业机会的增加，两者的差距逐年缩小，1990年，女性参与率升为53.0%，男性则下降到79.0%，前后者的比率为2/3，而1975年时两者的比率为1/4。2005年，女性的劳动参与率为56.6%，男性为78.2%。

**表2-16　不同性别的劳动参与率（1957—2005年）（单位：%）**

| 年份 | 1957 | 1970 | 1980 | 1990 | 2000* | 2005* |
|---|---|---|---|---|---|---|
| 总数 | 57.0 | 56.5 | 63.2 | 66.0 | 61.7 | 67.4 |
| 男性 | 87.7 | 82.3 | 81.5 | 79.0 | 74.5 | 78.2 |
| 女性 | 21.5 | 29.5 | 44.3 | 53.0 | 49.1 | 56.6 |

*常住人口劳动力。

资料来源：［新加坡］苏瑞福：《新加坡人口研究》，厦门：厦门大学出版社，2009年版，第283页。

就男性而言，最年轻的年龄组即15～19岁的劳动参与率从1957年的59.4%下降到1980年的47.5%，下降的原因主要是因为新加坡实行了“小学离校考试”（PSLE），小学六年级末所有小学生必须参加包括4门主课的此种考试，学生根据考试成绩可以进入不同的学校，随后还分快班和普通班，这一制度降低了辍学率。1980年后，20～24岁男性的劳动参与率明显下降，一个主要原因是因为男性服兵役之后接着进入大学学习。55～59岁、60～64岁、65岁及以上三个年龄组的劳动参与率在1990年之前出现明显下降，这是受到强制或自然退休的影响。55～59岁年龄组的劳动参与率在90年代有所上升，这是由于政府鼓励年长的工人继续工作以缓解劳动力的急剧短缺。新加坡的女性劳动参与率近几十年变化比较明显，最年轻的年龄组15～19岁的从1957年的23.4%上升到1980年的50.7%，但在1990年下降到31.8%，随后更加显著，从2000年的20.1%到2005年的9.0%。早期，由于就业机会增加造成女性劳动力参与率比例的上升，但近年随着女性受教育时间的延长和高等教育规模的扩大又造成了参与率的快速下降。20～54岁年龄组的劳动参与率明显提高，而35～54岁年龄组参与率在下降。

表2–17　不同性别年龄组的劳动参与率（1957—2005年）（单位：%）

| 年龄组 | 1957 | 1970 | 1980 | 1990 | 2000* | 2005* |
|---|---|---|---|---|---|---|
| 男性 | | | | | | |
| 15～19 | 59.4 | 55.7 | 47.5 | 30.0 | 18.0 | 10.7 |
| 20～24 | 92.3 | 92.9 | 93.4 | 82.8 | 75.9 | 59.3 |
| 25～29 | 98.0 | 98.0 | 97.2 | 94.8 | 96.5 | 89.2 |
| 30～34 | 98.6 | 98.3 | 97.9 | 95.4 | 98.3 | 91.5 |
| 35～39 | 98.5 | 98.4 | 98.0 | 96.4 | 98.2 | 93.7 |
| 40～44 | 98.0 | 98.1 | 97.6 | 96.7 | 97.5 | 93.6 |
| 45～49 | 96.9 | 96.2 | 95.6 | 94.7 | 96.3 | 90.0 |
| 50～54 | 93.5 | 88.1 | 89.6 | 88.2 | 91.2 | 88.6 |
| 55～59 | 85.1 | 73.9 | 70.7 | 69.0 | 74.4 | 75.3 |
| 60～64 | 66.9 | 55.6 | 52.5 | 49.5 | 49.6 | 52.4 |
| 60及以上 | | 31.9 | 28.6 | 24.2 | 18.5 | 24.1 |
| 女性 | | | | | | |
| 15～19 | 23.4 | 43.0 | 50.7 | 31.8 | 20.1 | 9.0 |
| 20～24 | 22.9 | 53.6 | 78.4 | 82.2 | 78.7 | 57.8 |
| 25～29 | 16.4 | 30.8 | 58.7 | 77.9 | 84.9 | 80.6 |
| 30～34 | 17.3 | 22.7 | 44.2 | 65.5 | 73.6 | 74.2 |
| 35～39 | 20.8 | 19.3 | 37.1 | 57.9 | 63.0 | 68.6 |
| 40～44 | 26.2 | 17.8 | 33.2 | 54.2 | 60.7 | 63.0 |
| 45～49 | 30.1 | 17.5 | 26.5 | 45.9 | 57.4 | 60.3 |
| 50～54 | 28.8 | 17.5 | 20.4 | 35.6 | 46.7 | 53.8 |
| 55～59 | 24.7. | 16.2 | 14.5 | 22.4 | 29.6 | 39.5 |
| 60～64 | 17.1 | 13.4 | 11.3 | 13.8 | 15.3 | 21.0 |
| 60及以上 | | 6.5 | 6.1 | 6.1 | 4.1 | 5.2 |

*常住人口劳动力。

资料来源：[新加坡]苏瑞福：《新加坡人口研究》，厦门：厦门大学出版社，2009年版，第285页。

1957年从事第三产业的人数占劳动力总数的71.3%，从事第一产业的人数只占9.3%，从事第二产业的占19.4%，这组数据反映了当时新加坡只是转口贸易港，从业范围多局限于贸易、商业和相关服务业，只在一些偏远地区有农业生产。新加坡独立后，随着工业化的进程，第二产业的就业人数快速增长，1980年达到396 500人，是以前的两倍多。劳动力占人口总数的比例在第二产业中的分布从1957年的19.4%上升到1980年的36.8%，随后向劳动密集型产业的转型导致这一数据上升减缓，2000年为25.7%，2005年为21.6%。

表2–18 不同性别的年龄组劳动参与率（%）

| 年龄组 | 2010 | 2011 | 2012 | 2013 |
|---|---|---|---|---|
| | 男性 | | | |
| 15～19 | 17.5 | 14.6 | 13.8 | 75.8 |
| 20～24 | 66.2 | 63.2 | 64.5 | 13.2 |
| 25～29 | 93.3 | 91.8 | 89.9 | 63.2 |
| 30～34 | 97.7 | 97.4 | 97.2 | 89.0 |
| 35～39 | 98.0 | 97.7 | 98.2 | 97.2 |
| 40～44 | 96.8 | 97.1 | 97.1 | 97.5 |
| 45～49 | 96.1 | 96.0 | 95.6 | 97.1 |
| 50～54 | 92.6 | 93.5 | 93.8 | 96.1 |
| 55～59 | 85.0 | 85.7 | 88.5 | 94.0 |
| 60～64 | 67.5 | 71.1 | 74.6 | 87.6 |
| 65以上 | 80.8 | 91.3 | 96.2 | 101.7 |
| 女性 | | | | |
| 15～19 | 13.1 | 9.8 | 10.9 | 10.2 |

续表

| 年龄组 | 2010 | 2011 | 2012 | 2013 |
|---|---|---|---|---|
| 20～24 | 65.3 | 62.5 | 62.6 | 59.9 |
| 25～29 | 85.7 | 86.7 | 86.8 | 88.0 |
| 30～34 | 81.3 | 81.0 | 83.3 | 83.7 |
| 35～39 | 75.2 | 77.6 | 78.9 | 79.4 |
| 40～44 | 72.7 | 73.9 | 74.8 | 75.4 |
| 45～49 | 68.9 | 71.5 | 73.4 | 73.1 |
| 50～54 | 64.9 | 66.1 | 65.6 | 66.5 |
| 55～59 | 51.7 | 55.1 | 56.2 | 59.1 |
| 60～64 | 35.4 | 38.4 | 41.7 | 44.2 |
| 65以上 | 33.1 | 38.5 | 43.1 | 46.2 |

资料来源：http：//www.singstat.gov.sg/

由于新加坡国土狭小，土地必须优先用于发展工业和城市基本建设，农业也是现代化资本密集型农场，如种植兰花，养殖热带鱼等，所以，第一产业的就业人数一直在减少。从1957年的43 800人到1970年的24 600人，再到1980年的18 100人，2000年为11 000人，2005年为17 800人。劳动力占人口总数的比例在第一产业中的分布，1957年占9.3%，2000年占0.7%，2005年占1.1%。

第三产业平稳增长，从1957—1970年的30.7%增加到1970—1980年的50.5%，再到1980—1990年的45.1%。第二产业的快速发展导致第三产业就业人数比例下降，从1957年的71.3%到1970年的67.6%，再到1980年的61.5%。随后，这一数据又有所上升，2000年为73.6%，2005年为77.3%，这是因为劳动密集型产业有所收缩，新加坡政府重视发展金融、旅游等第三产业。

表2-19 劳动力在三大经济领域的分布（1957—2005年）

| 领域 | 1957 | 1970 | 1980 | 1990 | 2000* | 2005* |
|---|---|---|---|---|---|---|
| 人数（千人） | | | | | | |
| 第一产业 | 43.8 | 24.6 | 18.1 | 5.9 | 11.1 | 17.8 |
| 第二产业 | 91.4 | 186.2 | 396.5 | 569.6 | 380.6 | 356.8 |
| 第三产业 | 336.7 | 440.1 | 662.5 | 961.5 | 1 090.9 | 1 272.7 |
| 总数 | 471.9 | 650.9 | 1 077.1 | 1 537.1 | 1 482.6 | 1 647.3 |
| 比例（%） | | | | | | |
| 第一产业 | 9.3 | 3.8 | 1.7 | 0.4 | 0.7 | 1.1 |
| 第二产业 | 19.4 | 28.6 | 36.8 | 37.1 | 25.7 | 21.6 |
| 第三产业 | 71.3 | 67.6 | 61.5 | 62.5 | 73.6 | 77.3 |
| 总数 | 100.0 | 100.0 | 100.0 | 100.0 | 100.0 | 100.0 |

*常住人口劳动力

资料来源：[新加坡]苏瑞福：《新加坡人口研究》，厦门：厦门大学出版社，2009年版，第291页。

## 三、劳动力就业情况

表2-20显示，在1957—1970年期间，几乎所有主要的职业都出现了劳动力的增长，但农业及相关行业的劳动力比例减少了大约27%，其他六种职业都是增长。在1980—1990年期间，专业与技术人员增长最快，从95 100人增加到240 600人，10年增加了153%，反映了工业向高附加值产业发展过程中需要大量专业技术人员。服务部门的进一步发展，也促使服务人员增加了103%。农业和相关人员减少到1990年的8 900人，制造业、文秘增长不多，分别为28%和21%。

2005年，新加坡常驻人口中，专业与技术人员数量最多，为522 300人（占整个劳动力的31.7%），制造及相关人员的排名第二，为2 843 200人（占整个劳动力的17.3%），文秘、销售及服务这三个职业的人数均为23万多人（均约占整个劳动力的14%），农业及相关人员的人数仍然最少，为1 200人（占整个劳动力的0.1%），还有无分类者为54 700人（占整个劳动力的3.3%）。

90年代及之后，在工业高速发展的同时，新加坡在金融、交通、商业、酒店餐饮等服务业取得了同步的快速发展，新加坡政府将制造业和服务业作为经济发展的双引擎，上述劳动力构成就是一个体现。

**表2-20　按职业划分的劳动力分布（1957—2005年）**

| 部门 | 1957 | 1970 | 1980 | 1990 | 2000* | 2005* |
|---|---|---|---|---|---|---|
| 人数（千人） | | | | | | |
| 专业与技术 | 24.5 | 56.1 | 95.1 | 240.6 | 433.6 | 522.3 |
| 行政与管理 | 8.6 | 15.5 | 52.2 | 132.1 | 211.8 | 216.3 |
| 文秘 | 53.6 | 82.9 | 167.5 | 201.9 | 213.6 | 232.5 |
| 销售 | 86.3 | 102.6 | 132.0 | 105.2 | 183.0 | 239.4 |
| 服务 | 71.1 | 88.7 | 112.2 | 228.0 | 183.0 | 239.4 |
| 农业及相关人员 | 37.1 | 26.9 | 21.0 | 8.9 | 1.2 | 1.2 |
| 制造及相关人员 | 181.5 | 254.9 | 435.0 | 558.8 | 285.5 | 284.2 |
| 无分类者 | 9.1 | 23.1 | 62.2 | 61.4 | 52.8 | 54.7 |
| 总计 | 471.9 | 650.9 | 1，077.1 | 1，537.0 | 1，482.6 | 1，647.3 |
| 百分比（%） | | | | | | |
| 专业与技术 | 5.2 | 8.6 | 8.8 | 15.6 | 29.2 | 31.7 |
| 行政与管理 | 1.8 | 2.4 | 4.8 | 8.6 | 14.3 | 13.1 |
| 文秘 | 11.4 | 12.7 | 15.6 | 13.1 | 14.4 | 14.1 |
| 销售 | 18.3 | 15.8 | 12.3 | 6.8 | 12.3 | 14.5 |
| 服务 | 15.1 | 13.6 | 10.4 | 14.8 | 12.3 | 14.5 |
| 农业及相关人员 | 7.9 | 4.1 | 1.9 | 0.6 | 0.1 | 0.1 |
| 制造及相关人员 | 38.5 | 39.2 | 40.4 | 36.4 | 19.3 | 17.3 |
| 无分类者 | 1.9 | 3.6 | 5.8 | 4.0 | 3.6 | 3.3 |
| 总计 | 100.0 | 100.0 | 100.0 | 100.0 | 100.0 | 100.0 |

*常住人口劳动力。

资料来源：[新加坡]苏瑞福：《新加坡人口研究》，厦门：厦门大学出版社，2009年版，第293页。

2012年底，新加坡就业人数达到336万人，同比增加3.8%，其中就业居民209万人，非居民劳动力127万人；失业率2%，其中居民失业率2.8%；空缺职位数与失业人数之比为110：100。2012年，新加坡空缺岗位48 600个，同比下降8%。从产业来看，服务业、制造业和建筑业的空缺岗位分别为37 300个、7 100个和3 400个。其中，职位空缺较多的服务行业包括社会及个人服务业、公共行政与教育，批发零售业、宾馆与餐饮业及储运业等。从空缺岗位性质来看，专业人士、经理、执行人员与技师占42%，文员、销售和服务人员占30%；制造业和运输业操作工、清洁工和普通劳力占28%。①

## 第四节　人口的分布、迁移和流动

### 一、人口分布和迁移

根据新加坡“市区重建局”（URA）的“发展指导规划”，可将新加坡归纳为六个区域，即中心区、东区、东北区、北区、西区、群岛和其他区。从20世纪80年代开始，新加坡人口陆续从中心区转移到外围政府新建的新镇和私人住宅区，中心城区的人口从1980年的1 364 000人减少到1990年的1 130 000人。除了群岛和其他区之外，其他四个区的人口都有增长。北区的人口增长最快，增长率达142%，其次是西区，增长率达到117%，东区和东北区增长比较缓慢，分别为65%和55%。

到1990年，新加坡全国人口的分布比较分散的格局就体现出来：30%的人口位于中心区，17%的在东区，大约19%的在西区，17%的在东北区，将近9%的在北区，群岛和其他区的人口差不多只占1%。从人口密度看，中心区的为每平方千米9 515人，东北区的为8 323人，东区的为6 006人，

① 《对外投资合作国别（地区）指南：新加坡》（2013年版），中国商务部网站：http://www.mofcom.gov.cn/

西区的为5 487人，北区的为2 804人，群岛和其他区的仅为74人。1990年，整个新加坡的人口密度为每平方千米4 795人。

从1990年到2000年的10年间，中心区的常驻人口比例从37.5%下降到27.4%，其他四个区的常驻人口所占比例都有所增长。这表明，新加坡的人口从拥挤的中心区扩散到了周边区域，这一趋势今后仍将持续下去。

**表2-21　新加坡总人口的区域分布(1980—1990年)(单位：人)**

| 区域 | 1980 | | 1990 | | 1980—1990增长率 | |
|---|---|---|---|---|---|---|
| | 人数(人) | 百分比(%) | 人数(人) | 百分比(%) | 人数(人) | 百分比(%) |
| 中心区 | 1 363 669 | 56.5 | 1 129 859 | 37.5 | -233 810 | -17.0 |
| 东区 | 318 040 | 13.2 | 525 902 | 17.4 | 207 862 | 65.0 |
| 东北区 | 326 611 | 13.5 | 505 934 | 16.8 | 179 323 | 55.0 |
| 北区 | 107 254 | 4.5 | 259 068 | 8.6 | 151 814 | 142.0 |
| 西区 | 268 654 | 11.1 | 582 678 | 19.3 | 314 024 | 117.0 |
| 群岛区和其他区 | 29 717 | 1.2 | 12 938 | 0.4 | -16 779 | -57.0 |
| 总数 | 2 413 945 | 100.0 | 3 016 379 | 100.0 | 602 434 | 25.0 |

资料来源:[新加坡]苏瑞福:《新加坡人口研究》,厦门:厦门大学出版社,2009年版,第24页。

**表2-22　新加坡常住人口的区域分布(2000年)**

| 区域 | 人数(人) | 百分比(%) |
|---|---|---|
| 中心区 | 895 052 | 27.4 |
| 东区 | 654 096 | 20.0 |
| 东北区 | 566 589 | 17.4 |
| 北区 | 394 912 | 12.1 |
| 西区 | 741 921 | 22.7 |
| 群岛区和其他区 | 10 639 | 0.3 |
| 总数 | 3 263 209 | 100.0 |

资料来源:[新加坡]苏瑞福:《新加坡人口研究》,厦门:厦门大学出版社,2009年版,第25页。

## 二、移民

由于新加坡人口生育率一直不能达到人口更替水平，未来也难以维持人口数量平衡，所以，政府将吸引外来移民作为补充新加坡人口数量的关键导向。具体举措有：逐步放宽移民法规，便利外国专业人才和商业人士移居新加坡，除了给予永久居留权外，还在取得公民身份上采取宽松灵活的政策。①

### （一）入境移民

1. 移民政策

为了应对人口问题，新加坡政府相继成立了一些机构，如1966年成立的计划和人口委员会，1984年设立的部际人口委员会等，但上述委员会都是临时性机构，完成阶段任务后即解散。2004年8月成立了永久性的国家人口委员会，随后2006年6月，政府在总理公署设立了国家人口秘书处，一个主要职责就是增加出生人口和在吸引外来移民方面协调政府各部门的工作。国家人口委员会下设若干专门机构，如以增加永久居民数量为任务的国籍与人口署、负责协助在海外工作、学习的新加坡人保持相互联系及与新加坡国内联系的侨民联系署，等等。

新加坡对移民的管理依据包括一系列法律法规和特殊计划。对于进入新加坡的外国人，政府按照“移民法案”和“移民法规”进行管控，通过颁发就业准证、家属准证、访问准证、过境准证、学生准证、特殊准证、落地准证、工作许可准证等八类准证，使持证者得以入境和停留。其中，持有“就业准证”和“家属准证”的外国人有权申请永久居住权，甚至取得公民身份。

为了吸引外国技术工人，新加坡政府实施永久居留法规，根据就业者

① ［新加坡］苏瑞福著，薛学了、王艳等译：《新加坡人口研究》，厦门：厦门大学出版社，2009年版，第257页。

的月收入和受教育程度，给予不同等级的就业准证，规定了就业者本人及其家庭成员获得永久居住权的条件。2007年12月起，政府开始施行“工作假期计划”，允许海外大学生和年轻大学毕业生来新加坡体验生活和工作，期望他们最终参加工作时，申请其他类型的工作准证从而成为新加坡的永久居民。经济发展局制定了“全球投资者计划”，规定投资达到一定金额的外国人可以获得新加坡永久居住权，目的在于增加新加坡管理下的总资产和吸引外国富人移居新加坡。对于领养外籍儿童流入、外国配偶的流入，政府也制定了一些法规。

2. 移民情况

从1990年到1991年的12个月里，新加坡移民的净流入人数为22 241人，这差不多就是20世纪90年代新加坡移民的净流入人数的共同水平。2004年到2005年，移民的净流入人数达到45 133人，表明新加坡移民政策在增加居民人口上发挥了一定作用。2004年，取得公民身份的人数为7 600人，2005年和2006年的1—6月被授予公民身份的人数分别为12 900和6 800人。2001—2006年间，增加净移民数为343 609人。2006年，新加坡总人口（包括常住与非常住人口）共4 483 900人，2009年人口增长至 499 万人，比2006年净增约 50 万人。考虑到移民本身也有自然增长率，净移民的人数可能在 45 万人以上。所以，估计2001—2009年的10年间，新加坡接受的净移民应达 80 万人。[①]

① 谢美华：《近20年新加坡的中国新移民及其数量估算》，载《华侨华人历史研究》，2010年9月第3期。

表2-23 居民人口、自然增长人口和净移民人口（1990—2006年）

| 年份 | 居民人口 | | 自然增长人数 | 移民增长人数 |
|---|---|---|---|---|
| | 人数 | 增加量 | | |
| 1990 | 2 735 900 | — | | |
| 1991 | 2 795 400 | 59 500 | 37 259 | 22 241 |
| 1992 | 2 852 100 | 55 700 | 34 813 | 20 887 |
| 1993 | 2 906 500 | 55 900 | 35 379 | 20 021 |
| 1994 | 2 961 400 | 54 900 | 31 521 | 23 379 |
| 1995 | 3 014 600 | 53 200 | 32 816 | 20 384 |
| 1996 | 3 067 800 | 53 200 | 32 363 | 20 837 |
| 1997 | 3 121 100 | 53 300 | 32 006 | 21 294 |
| 1998 | 3 174 800 | 53 700 | 31 249 | 22 451 |
| 1999 | 3 221 900 | 47 100 | 27 809 | 19 291 |
| 2000 | 3 263 209 | 41 309 | 29 036 | 12 273 |
| 2001 | 3 319 100 | 55 891 | 29 828 | 36 063 |
| 2002 | 3 378 300 | 59 200 | 24 622 | 34 578 |
| 2003 | 3 437 300 | 59 000 | 23 483 | 35 517 |
| 2004 | 3 486 900 | 49 600 | 21 158 | 28 442 |
| 2005 | 3 553 500 | 66 600 | 21 467 | 45 133 |
| 2006 | 3 608 500 | 55 000 | 22 358 | 32 642 |

资料来源：[新加坡]苏瑞福：《新加坡人口研究》，厦门：厦门大学出版社，2009年版，第79页。

### （二）出境移民

由于缺乏统计资料，移出新加坡的人数暂不清楚。人们离开新加坡一般的原因有：子女不适应第二语言、儿子不想服兵役、随外国配偶回到对方的母国、接收海外教育后不返回新加坡、去国外寻找更好的工作机会，等等。[①]

① [新加坡]苏瑞福著，薛学了、王艳等译：《新加坡人口研究》，厦门：厦门大学出版社，2009年版，第79页。

# 第三章　第一产业的发展和布局

作为一个城市国家，新加坡国土面积狭小、分散，发展农业的条件有限，第一产业在国民经济中所占比重非常小，农业人口相当少，多数农产品的消费都依赖进口。由于国土面积有限，新加坡一直重视发展高科技农业，高效利用国土资源，生产最适合本国种植的农产品，养殖更具经济效益的观赏鱼，这是新加坡选择的符合本国国情的农业和渔业发展道路。

## 第一节　农业发展概述

新加坡政府采取务实态度，注意节约耕地，不求部门齐全，追求高经济效益，大力发展农业科技园，形成了颇具特色的都市农业。还根据热带海洋性气候的特点，重点发展了海水观赏鱼养殖，成为渔业的主导产业。

### 一、农业概况

新加坡在1965年独立后大力发展制造业，目前以服务业为主要产业，农业一直处于薄弱地位。新加坡的粮食需求全部依靠进口，80%的蔬菜从马来西亚、中国、印度尼西亚和澳大利亚进口。在经济学家看来，新加坡农业的缺位使得它可以拥有更高的国内生产总值增长率，因为单位成本下农业提供的增长要远小于其他产业，而且新加坡也不必像韩国、中国台湾那样为了发展经济而不得不对农业进行大规模重组。

1980年新加坡农业和渔业总产值为3.22亿新元，仅占国内生产总值（GDP）的1.3%，这一数字在1990年下降到1.76亿新元，仅占到当年国内生产总值（GDP）的0.2%。农业用地原来集中分布在北岸的森巴旺、实龙岗、榜鹅等处，自20世纪70年代以来，尽管国土面积因为填海造地工程而在不断增加，但同时随着城市化的推进，新加坡的耕地面积却一直在减少。农用耕地由1977年的10 286公顷减少至1987年的3 000公顷，截至2011年新加坡全国耕地总面积仅占国土面积的0.9%。[①]农业人口也不断下降，1977年有农民1.4万人左右，占就业人数的2.2%，1990年这一人数下降为9 600人，占就业人数的0.8%，[②]到2009年从事农、渔、林业的人口总和仅为就业人数的0.7%。[③]

## 二、都市农业

新加坡的农业发展具有科技化、现代化、都市化三个特点，其典型代表为都市农业，因资源的高利用率而受到广泛关注。受农产品难以自给自足的困境所迫，新加坡在高度城市化的发展过程中，形成了一批科技化程度高且具有旅游吸引力的农场。自20世纪80年代起，新加坡政府大力发展农业科技园，全岛建有6个农业科技园，园区内建设了生态走廊、蔬菜园、花卉园、热作园、海洋养殖场等。现今，新加坡的农业科技园已成为集农产品生产、销售及观赏于一体的综合性农业公园，园区展示国内外先进农业科技成果，每年吸引大量旅游者前来参观。

成春农场引进蛋鸡生产体系，高科技鸡舍环境控制系统在降低鸡场异味、减轻鸡粪污染的同时，有效降低了鸡的死亡率，并且实现了鸡蛋的收集、分级、包装的自动化，显著提高了产量，而且生产的无菌鸡蛋中胆固醇含量比一般鸡蛋低20%，当天就可直接由农场运到超市。该农场现日产25万枚鸡蛋，约占新加坡每日鸡蛋消费量的12%。

---

① 联合国粮农组织（FAO），Singapore Land Use 2011,http://www.fao.org/home/zh/

② 刘仁伍:《东南亚经济发展地图（2007）》，北京：社会科学文献出版社，2008年版，第161页。

③ 中国国家统计局:《国际统计年鉴（2013）》，北京：中国统计出版社，2013年版。

胡进发农场通过引进台湾的水耕法农业新技术，发展了高效的水耕农场。水耕法就是植株靠吸收营养液在温室里生长、生产的全过程，由计算机自动控制进行，产量高且稳定，产品无污染，质量好。无土水耕果菜生长时间约15～20天。水耕果菜还有一个优点，即立体栽培，将水耕槽重叠，依蔬菜的完全生长高度，分层栽植，既可节约场地又可使产量倍增。水耕蔬菜无农药污染，品质高，富营养。目前，新加坡已经采用水耕法种植稻米、榴莲、木瓜、小黄瓜、樱桃等，还可随自己的喜好改变这些植物的味道、颜色等，而且水耕种植樱桃、番茄的产量较一般种植的产量多4倍。①

成怀宝花场采用先进技术生产国花胡姬花，把细胞移植法用于胡姬花培育中，使新加坡的胡姬花不断推出了花型各异、保鲜期长的胡姬花品种，其品质好，产量高。新加坡已成为世界第二大剪枝胡姬花出口国，每年仅胡姬花出口创值3 000多万新元。

新加坡一直大力兴建科学技术公园，专业人员通过在技术公园里的科学实验，不断推出创新技术成果并将相关技术成果输送给农业科技园，保证了新加坡农业科技园的技术领先地位，催生了农产品的高产值。此外，农业科技园也成了游客观光园，园内除了工作人员劳作的生产场景，还有诸如观赏鱼、名优化果树、珍奇动物等，成为都市人周末休闲观光的理想场所，国外游客也慕名而来，这为农业科技园创造了额外收益。

著名的滨海湾花园，植物种植数量约8.7万株，包括400个品种。花园中修建了“云雾林”（占地0.8 公顷）和“花穹”（占地1.2公顷）两个冷室玻璃生态区，还原了热带山地地区凉爽潮湿的气候和半干旱、亚热带地区凉爽干燥的气候。它是可持续发展工程学的代表项目，采用一系列先进技术，提供具备能源效益的农林业制冷解决方案。这种科学技术公园既将科技与农业相融合，形成环境良好的生态农业，又是游客休闲观光、寓教于乐的良好选择。

① 毕世鸿编著：《新加坡概论》，广州：世界图书出版公司，2012年版，第264页。

# 第二节　渔业发展概述

## 一、渔业概况

新加坡虽然四面环海，但国土面积狭小，并不具有丰富的沿海渔业资源优势，加之新加坡经济高度发达，发展传统渔业也无经济价值上的比较优势。新加坡渔业不发达，在国民生产总值中所占比例不大，但鱼类和水产制品是当地人民动物蛋白的重要来源，占动物蛋白消费量的30%。需求不断扩大，而渔业产量却不断下降，渔产品已经不能自给，需要大量进口。

20世纪70年代，渔获量变动在1.52万～1.92万吨之间，在全部渔获量中，全部是海产鱼类，内陆河沿海养殖产业很少。1975年渔获量为17 560吨，其中海洋产量为16 928吨，占总量的96.4%，淡水产量为632吨，占渔获量的3.6%。80年代渔业产量约为15 532吨，渔产品进口量达80 440吨。到1990年渔产量降至11 400吨，进口量增长到161 718吨。1973年全国有渔工2 277人，1974年降至2 194人，其中有1/3的渔工从事沿岸渔业。近海渔业的产量约占海洋产量的25%，远海渔业日趋重要。新加坡不断改进捕捞技术，增添机动渔船，渔船作业的单产量是邻国的3～4倍，渔船队远航南海、西太平洋和东印度洋，一次可在海上连续作业半个月到两个月。国家还设有渔业学校，专门对渔民进行培训。1977年远海作业者占渔民人数的64%，捕鱼量占61.1%。新加坡捕捞的种类量多，有鲷、石首鱼、蛤、鲹、鲐、沙丁鱼、乌贼、对虾等。由于新加坡经济和社会的快速发展，目前新加坡本地渔民的子女多不愿当渔夫，本地渔民越来越少，渔船主人只好“向外”发展，改聘外劳当渔夫。目前，新加坡出海捕鱼的深海渔船，超过95%是由外国劳工操作，这些外国劳工多来自印度尼西亚、缅甸、泰国等。[①]

① 毕世鸿编著：《新加坡概论》，广州：世界图书出版公司，2012年版，第267页。

表3–1　新加坡渔业产量统计（单位：吨，亿）

| 年份 | 总产量 | 捕捞业产量 | 养殖业产量 | 养殖业产值 |
|---|---|---|---|---|
| 1997 | 13 338 | 9 250 | 4 088 | 0.07 |
| 2000 | 10 483 | 5 371 | 5 112 | 0.10 |
| 2001 | 7 785 | 3 342 | 4 443 | 0.09 |
| 2002 | 7 796 | 2 769 | 5 027 | 0.07 |
| 2003 | 7 109 | 2 085 | 5 024 | 0.09 |
| 2004 | 7 579 | 2 173 | 5 406 | 0.09 |
| 2005 | 7 837 | 1 920 | 5 917 | 0.10 |
| 2006 | 11 676 | 3 103 | 8 573 | 0.10 |
| 2007 | 8 025 | 3 522 | 4 503 | 0.10 |

资料来源：联合国粮农组织：FAO Fishstat plus

从环境资源看，新加坡四面环海，沿岸海水营养丰富，水温随四季变化并且昼夜温差小，这种气候条件非常适合发展海水养殖业。新加坡渔业以养殖渔业为主，沿岸养殖的水面约600公顷，因为岛南集中了金融贸易中心，地价较高，新加坡政府出于合理利用土地资源的考虑，将养殖场设置在西北面和东北面。

从历史来看，新加坡是东南亚国家中最早开始围海养虾的国家，主要饲养品种有印度对虾，小范围养殖的有独角新对虾、刀额新对虾、罗氏沼虾以及锯蟹、青蟹等，至今已有50多年的历史。由于政府大力支持工业化，再加之围海造田的影响，新加坡养虾业的发展缓慢，并逐渐向邻国马来西亚转移。1971年新加坡引进网箱养殖，1974年新加坡原产局所属海水实验场在乌宾岛沿岸海区试养石斑鱼、尖吻鲈和约氏笛鲷。由于网箱养鱼具有商业发展潜力，所以在柔佛海峡东西两岸兴建了许多小型养鱼场。1981年原产局制订了海水鱼养殖计划，鼓励在沿岸非航行水域从事鱼类养殖，之后许多网箱养殖场纷纷设立。目前，全国有各种网箱近百个，除养殖鱼类外，还养殖虾、蟹、贝类。[①]自20世纪80年代开始，新加坡水产品的产量开始稳定，并逐年有所增加。据统计，当时近海捕捞渔获量占其总产量的30%，其余则是外海渔船所生产，水产养殖业所提供的水产品种类较少。新加坡原产局积极鼓励民众发展海水养殖场，生产供应鲜鱼。

截至2008年新加坡的水产养殖产量由20世纪70年代的10吨增长到3 518吨，产值达1 306万美元，其中，海水养殖产量为3 235吨，淡水养殖产量为282吨，分别占总养殖产量的92%和8%。到2009年，新加坡水产养殖产量达3 567吨。

目前，新加坡已建设40多个深水鱼养殖场，年产鲜鱼4万吨。其中，采用浅水养殖法的樟宜鱼养殖研究处每年能生产3 000吨鲜鱼，并投资3 000万新元在圣约翰岛的西南部新建了一个水产养殖中心，总面积达18公顷，设施良好，海水清洁，岛上有完善的供电供水等设备，适合研究和协调发展深海养殖。[②]新加坡借鉴欧洲国家的深海养殖法也取得成功，养殖了大量鲜鱼，供应新加坡的日常所需。

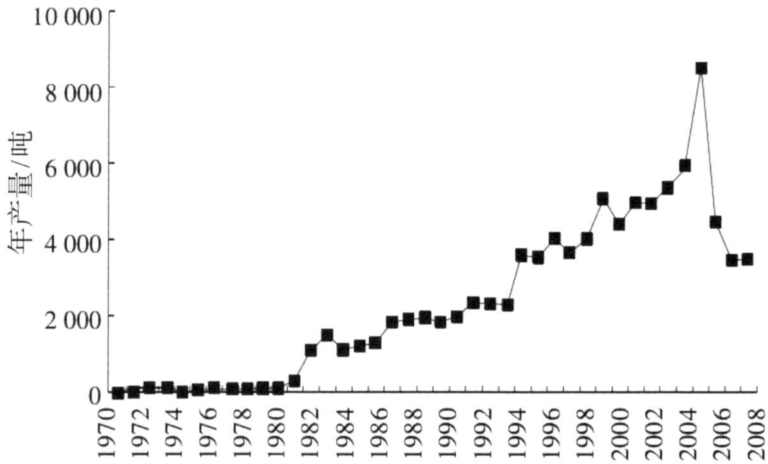


**图3-2　新加坡历年水产养殖产量（单位：吨）**

资料来源：高进、柴天贵等：《新加坡水产养殖业发展研究》，载《现代农业科技》，2012年第14期，第311页。

① 陈思行：《独具活力的新加坡渔业》，《中国渔业报》，2005年1月3日第7版。

② 朱丕荣：《新加坡都市农业》，载《世界农业》，1999年第9期，第13页。

新加坡的水产养殖品种丰富多样，海水和咸水养殖品种主要有石斑鱼、遮目鱼、尖吻鲈、黄金鲷等，甲壳类动物包括虾(南美白对虾)、蟹和贻贝等。淡水产品中，最普遍养殖的品种是草鱼、银鱼、鳙鱼、鲤鱼、红罗非鱼以及大理石鰕虎鱼等。新加坡是重要的养殖和出口观赏鱼中心，渔场主要分布在新加坡北方和西北部，部分在东部地区。其中，以陆地为基础的养殖区域有5个农业技术科技园区，占地1 465公顷，包括76个观赏鱼场和5个食用鱼养殖场、虾场；以海水为基础的养殖区域中指定的海水养殖面积为85.5公顷，有106个沿海养殖渔场。渔场养殖种类包括花鳉属、剑唇鱼属、天使鱼属和脂理科鱼类。[①]渔场多配备现代设施，例如控制精准的包装房、交易记录的电脑化系统、鱼体检查和水质分析实验室、各种室内外养殖受控环境下的鱼生长系统设备等。

## 二、观赏鱼产业

新加坡属热带海洋性气候，在热带观赏鱼的养殖方面具有得天独厚的条件，因此新加坡重点发展了海水观赏鱼养殖，目前新加坡已成为世界最大的观赏鱼出口国，被誉为“世界观赏鱼之都”。在新加坡的养殖渔业中，占主导地位的是观赏鱼产业。

新加坡的观赏鱼饲养起步较晚，20世纪60年代开始，随着橡胶业的衰落，一部分当地农民只能另谋出路，因为观赏鱼行业所需资本金少、生产成熟周期较短，使得它成为许多农民和城市失业工人再就业的理想选择。由于国外市场需求增加和政府的支持，新加坡逐渐成为世界观赏鱼最重要的养殖中心和贸易中心。进入21世纪，随着科技的成熟，观赏鱼养殖行业也从劳动密集型行业转型为技术密集型行业，一举成为新加坡农业中的支柱产业、出口优势产业。

① 高进、柴天贵等:《新加坡水产养殖业发展研究》，载《现代农业科技》，2012年第14期，第311页。

目前新加坡拥有约130家观赏鱼养殖场，这些养殖场大多设置在高科技农业区内，享受财政政策支持和多样化农业补贴措施。观赏鱼养殖场拥有全球主要经营的500多个品种的观赏鱼，并且通过将国外优良品种和当地优质品种进行杂交，不断培养出更加优良、美丽的鱼种。其中格外引人注目的濒危物种——亚洲龙鱼——是新加坡原产局的淡水鱼中心在1980年代所率先进行人工养殖的。业内大名鼎鼎的新加坡仟湖鱼场率先设立了基因研究部门，利用每尾龙鱼的鳞片制作基因资料库，先行建立每对种鱼的基因资料库，然后再对比每对种鱼繁殖出来的幼鱼基因，做筛选育种工作，以挑选出最优良的基因系统。目前新加坡拥有5家《国际濒临绝种野生动植物贸易公约》(CITES)认证的鱼场，养殖各种红色、金色和青色的珍奇龙鱼，其出售、出口的极品龙鱼价格十分昂贵。

自1989年起，新加坡每年都举办国际观赏鱼大赛，每两年举办一次水族展，吸引了大量国际观赏鱼爱好者，同时极大宣传了本国观赏鱼企业，为扩大知名度提供了良好平台。新加坡农兽局除制定严格的管理规范将整体产业纳入正轨外，对观赏鱼的研究发展也是不遗余力予以扶持，为从业者提供了更多的发展空间。另一方面，由于土地及水资源有限，观赏鱼的养殖又属于精确性高的产业，因此新加坡不断推动养殖方法的改进，目前正研究以循环水的方式来增加养殖密度，以减少自然资源的浪费。

## 三、渔业贸易

新加坡食用鱼主要依赖进口，年人均鱼类消费约45公斤，2013年海鲜水产总进口金额达到13.18亿美元，[①]是高价水产品最重要的消费市场之一，主要供应国为周边的印度尼西亚、马来西亚和泰国。位于新加坡岛西部的裕廊拥有超过70家水产批发市场，每日鱼虾的贸易量约200～300吨，是西、

① Yearbook of Statistics Singapore，2014.

中太平洋捕捞金枪鱼和剑鱼的远洋渔船的主要转运中心。

近年来，新加坡有近400家观赏鱼厂商，不仅是观赏鱼养殖家，还是水族品制造家，为国内批发商、零售商和消费者提供一条龙服务。其生产经营已辐射到马来西亚、泰国、中国等周边国家，出口至60多个国家，其中美国市场约占其出口额的25%，日本市场约占20%，英国市场约占11%，德国市场约占9%，法国约占8%。新加坡观赏鱼产业形成了国内外经营与贸易的崭新格局。[①]

① 毕世鸿编著:《新加坡概论》，广州：世界图书出版公司，2012年版，第266～267页。

# 第四章　第二产业的发展和布局

工业在新加坡经济发展历程中具有举足若轻的地位。独立后，政府不断调整工业发展布局，形成了以发展制造业为主，建筑业和公共设施建设为辅的工业格局。新加坡现为世界电子产品最重要的制造中心之一和第三大炼油中心。

## 第一节　工业发展概述

独立之初，政府审时度势，制定了走工业化道路的经济发展路线。新加坡不断调整发展策略、优化产业结构，工业的发展经历了由独立初期的劳动密集型工业，逐步成长为附加值高的资本和技术密集型工业，进而发展至如今知识密集型工业的历程。与此同时，政府高度重视环境保护，在保护好“花园城市”美誉的同时建设了发达的工业，是工业建设与环境保护和谐共存、相互促进的典范。

### 一、工业发展历程

第一次世界大战期间，由于战时伦敦拍卖业的暂停以及对美国的直接出口，大量橡胶从英属马来亚（今马来西亚）开始运往新加坡。到1916年，仅在新加坡本地拍卖的橡胶量就达5.12万吨，约占世界总出口量的1/4。[①]从

① ［英］W.G.郝夫著，牛磊、李洁译，北京：中国经济出版社，2001年版，第187页。

1918年起，荷属印度橡胶就已成为新加坡贸易的主要内容，并且推动了橡胶粉碎工业的发展。橡胶粉碎业是典型的劳动密集型工业，其附加值主要表现在粉碎加工费上。在第二次世界大战期间，新加坡的橡胶业得到了蓬勃发展。当时新加坡从英属马来亚和荷属印度（今印度）大量进口橡胶，在本国进行分拣、粉碎、打包，一部分通过拍卖会销售，一部分装上船周转到其他国家。橡胶行业对新加坡工业化做出以下三方面的直接贡献：第一，橡胶粉碎工业刺激了新加坡的初级商品加工业的发展；第二，橡胶产业与其上游产业关联性强，相关的进口替代工业可以为橡胶的生产提供设备支持；第三，充足的橡胶原料供应导致了出口制造工业的出现。

新加坡的橡胶经济，反映了外国银行与华商的经济合作关系。英国商人动员庞大的资金启动了马来亚地区橡胶经济的机制，而华商也动员了华社的资源从内推动了橡胶经济的发展。两者相辅相成，把区域的橡胶生产成产品，转销到世界的各个角落。同时，橡胶经济的崛起极大提高了华人的经济和政治地位。

1930年代由于美国经济大萧条，全球橡胶业随之大幅萎缩。新加坡的橡胶业至此也由盛而衰，许多华人胶业在这场经济风暴中破产。这场经济危机过后，马来亚橡胶业经历了近20年的艰苦经营后，才由于1950年代朝鲜战争中橡胶价格的飙升，而再次为新加坡创造了巨额的财富。

独立后，新加坡政府结合本国国情制定了一系列工业发展战略，并在不同的经济发展时期予以适当调整，可大致分为以下四个阶段：

第一，劳动密集阶段。独立后成为自治邦的新加坡面临英殖民地留下的满目疮痍，为了应对大量失业和经济结构单一等问题，新加坡选择加入马来西亚，采取了发展出口导向型的劳动密集型制造业的方针。建国初期主要以传统手工业为主，如软饮料、砖土陶瓷、玻璃、印刷、木材、橡胶等行业。70年代，政府力求最大限度解决失业问题，实现全民就业。为此，新加坡大力提倡工业自动化，加强了在造船修船业、炼油厂等方面的建设。期间，政府在裕廊规划6 480公顷土地，拨出1亿新元用于基础建设，并设立了裕廊镇管理局，开始工业园区和厂房的开发建设，大量吸收外资，日后发展成为著名的裕廊工业园区。此外，政府还将部分私人企业国有化，其中有代表性的有新加坡航空公司、新加坡发展银行、海皇轮船公司、三巴望造船厂等。工业化的进步带来新加坡经济状况的全面改观，新加坡经济平均增长10%，到1979年失业率已从1965年独立时的10%下降到3.3%，制造业占国内生产总值(GDP)的比重由1965年的15%上升到27%。

第二，资本密集阶段。1980年代初期，新加坡国内生产总值(GDP)为20.79亿美元，其中工业产值约占31.2%，而1960年的工业产值仅占当年国内生产总值(GDP)的19.4%，可见工业化进程势头正猛，经济基础逐步稳固。这一阶段，政府开始着手重组经济结构，将制造业朝着资本密集型和技术密集型方向转化。产品研发、工程设计、软件开发等行业逐步兴起，吸引以国际著名跨国公司为投资主体的电脑、电脑配件、石化等产业相继落户。1980年代中期，西方五大石油公司加强了在新加坡的投资，石化等行业得到快速发展和壮大。为实现经济顺利转型，政府提出了“自动化、机械化、电脑化”发展方针，将信息技术运用到工业中；在政策上鼓励高附加价值和技术密集型投资，推动高附加值产业的发展；在教育上开始注重人力资源开发，鼓励发展了一批教育、培训机构，不断增加投入并进行教育体制改革，普及提高教育水平，为工业发展培养人才。

第三，技术密集阶段。1986—1997年是新加坡经济高速发展的黄金鼎盛时期，国内生产总值(GDP)从187.63亿美元增长到1 001.64亿美元，增长率高达433.84%。进入90年代后，新加坡已经完全跻身于亚洲新兴工业国的行列，具备整体商务开发能力，从研发、产品设计、生产制造到国际市场销售一条龙作业的能力。政府大力发展高新技术，先后拨款达60亿新元，作为国家科技发展计划，发展高科技基地。[①]新加坡能迅速跻身于世界发达国家之列，与其将高科技产业作为兴国之策不无关系。政府在推动本国高科技产业发展的过程中，发挥了极其重要的作用，包括：制定高科技

① 刘仁伍：《东南亚经济运行报告》，北京：社会科学文献出版社，2007版，第107页。

产业的发展战略，加强政策、教育、科技等方面的投入，支持企业开拓国际市场，扩大高科技产业发展的国际空间等。高科技产业中的电子业逐渐发展为本地制造业的龙头，到2000年其产值已占据新加坡制造业的48%，电子产品出口占国内产品出口的55%，新加坡已是全球重要的集成电路、芯片和磁盘驱动器的生产基地。在石化行业方面，西方五大石油公司完成在新加坡的投资，使得新加坡成为世界第三大炼油中心。

针对这些高科技产业，李光耀提出："新兴工业经济体制要有两只翅膀，一只翅膀是发展国内经济，另一只翅膀是开拓国外市场"。[①]新加坡政府号召企业到海外发展，寻找扩大商业空间。政府机构负责海外投资活动，协助企业向海外投资。在此背景下，企业家纷纷向海外发展，呈现出海外投资热潮。据新加坡统计局统计，1991年新加坡企业在海外的直接投资金额为53亿美元，到1994年投资总额上升到150亿美元，到海外投资的企业有3 000家。

在工业如火如荼发展的同时，鉴于新加坡在金融（银行、保险、会计、律师、审计）、交通（快捷的空运、海运和高效的港口）、商业、酒店餐饮等服务业取得了同步的快速发展，新加坡政府正式确定将制造业和服务业作为经济发展的双引擎计划。

第四，知识密集阶段。20世纪90年代后期，以信息产业为中心的知识密集型经济快速发展，制造业和服务业已经成长为新加坡的两大支柱产业。工业的持续发展必然以科技创新能力做后盾，而科技创新能力的竞争归根结底是人才的竞争。新加坡政府格外重视人才的培养，1995年国家财政预算中，教育经费为37.1亿新元，占财政支出的19.8%。如果再加上政府专拨的教育储蓄基金5亿新元，整个教育经费达到42.1亿新元，年人均教育经费约合1 000美元，居世界发达国家前列。[②]每年政府拨给教育部门的经费占财政预算的比例很大，近年来已超过了国防预算。为了满足高科技产业发展的人才需求，新加坡政府在积极培养本地人才的同时，还大量吸引外来人才，鼓励掌握高新技术的人才前来深造、工作。

---

① 许先国：《新加坡高科技产业发展的政府行为分析》，载《经济师》，2004年第4期，第78页。

② 刘仁华：《新加坡基础教育投资体制分析》，载《武汉市教育科学研究院学报》，2007年第2期，第49页。

新加坡还加强与周边国家的合作，和越南签订国防工业合作协议，开发两国在国防工业、军贸等方面的合作潜力。与中国合作开发工业园，其中第一个合作项目为苏州工业园，于1994年2月经中国国务院批准设立，行政区划288平方千米，其中中新合作区80平方千米，下辖三个镇，户籍人口32.7万（常住人口72.3万）。2013年实现地区生产总值1 900亿元，公共财政预算收入206.9亿元，实现社会消费品零售总额278.5亿元，实际利用外资19.6亿美元，完成进出口总额804.6亿美元，完成固定资产投资742.2亿元，城镇居民人均可支配收入、农村居民人均纯收入分别达4.9万元、3.09万元，这是中国和新加坡两国政府间合作的旗舰项目。①

## 二、工业发展政策

从政策方面分析，可以看出新加坡政府在经济发展的不同时期，所采取的经济政策也是灵活多变的。

第一，进口替代型政策（1960—1964年）。在英国殖民统治时代，新加坡形成了单一畸形的经济结构——转口贸易，工业基础薄弱。独立后，为了应对高失业率和单一经济结构等问题，选择了实施大力发展进口替代工业的战略。政府一是于1959年颁发了《新兴工业法案》和《工业扩展法案》，制定优惠政策，鼓励发展民族工业；二是实行进口配额制度，保护新兴工业；三是设立贸工部和经济发展局等经济管理机构，帮助和引导工业发展；四是首创工业园区发展模式，设立裕廊镇工业园区管理局，形成工业规模和聚集优势。一系列有效的工业政策，促进了大批的服装、纺织、玩具、木器等产业的进入，新加坡工业化进程由此全面展开。

第二，出口导向政策（1965—1979年）。新加坡脱离马来西亚后，受市场大幅缩小、原料供应有限、英军计划撤离等多重因素影响，发展进口替代工业的战略受到严峻挑战。政府及时调整了战略和政策，制定了适应自身发展的出口导向型经济发展战略，逐渐取消进口替代政策。在此战略中，

① 园区简介，中国—新加坡苏州工业园区网站，http://www.sipac.gov.cn/zjyq/yqgk/201406/t20140626_280115.htm

新加坡一是面向欧美国家大力招商引资；二是取消出口配额，对出口厂商给予所得税减免优惠；三是通过财政和中央公积金等措施，对缺乏资金和技术的企业予以支持；四是对一些需要大量资本和技术的行业建立国有企业。这一时期，招商引资成效显著，软材料、陶瓷、玻璃、印刷、木材、橡胶、纺织和电子部件产业得到迅速发展。出口导向政策既适应了世界经济的发展趋势，又符合新加坡本国的国情，通过优化宏观的政策环境、加强基础设施建设、吸引外资、建立出口贸易基地等措施，推动了经济的快速发展，是发展中国家实现现代化的成功典范。

第三，产业重整时期(1980—1985年)。由于上一阶段招商引资效果显著，新加坡政府就及时调整了产业政策，推动工业的换代升级，将重点放在调整经济结构和发展高附加值产业上。具体措施，一是通过工资政策引导产业升级，用提高工资成本的方法来促进产业结构调整；二是实行投资和税收政策引导投资方向，扶持技术密集型企业，淘汰劳动密集型企业；三是强化教育和培训，提高劳动者素质；四是鼓励企业技术升级，使工业向高附加值领域发展。这一战略在有效鼓励发展资本密集型和技术密集型产业的同时，淘汰劳动密集型产业。在此期间，一批有关电脑、电脑附件制造业和石化业的国际著名跨国公司相继落户新加坡，资本密集型产业获得迅速发展。

第四，经济多元化时期(1986—1998年)。20世纪80年代中期，新加坡的经济步入了成熟阶段，增长速度放慢。为此，政府相继提出了“国家电子化计划”和“新科技方案(INTECH)”，并投入巨额资金实施国家科学技术发展计划，旨在大力发展高新技术，诱导催化科技进步。政府于1983年成立“贸易发展局(TDB)”，旨在帮助企业熟悉国际商务规则，建立商务联系，寻找海外合作伙伴，以提高企业的国际竞争力。为了形成产业集群的核心竞争力，新加坡开始实施产业集群发展计划。该计划实施后，西方五大石油公司加强了在新加坡的投资，使新加坡一跃成为世界第三大炼油中心，石化等行业得到快速发展和壮大。

第五，知识经济时期(1998年至今)。受2008年国际金融危机的影响，新加坡的制造业有所萎缩。对此，新加坡政府一是加强对生物医学、信息产业等世界级科学工程的基础研究；二是设立全国科学奖学金，吸引年轻人从事科研工作；三是政府投入巨资，建设新加坡科技研究中心——纬壹科技城。在政府的倡导下，以信息产业和生命科学为核心的知识密集型工业迅速发展。

表4–1 新加坡政策推动工业

| | | |
|---|---|---|
| 1960—1964年 | 进口导向 | 1960年推动“工业化计划”；1961年成立“经济发展局（EDB），推动经济及工业之发展 |
| 1965—1979年 | 出口导向工业化 | 1969年实施“自由贸易区”制度；1973年加入GATT及多边贸易谈判（MTN）；1976年推动“小型产业融资方案”（于1991年更名为“国内企业融资方案”）；1977年成立“贸工部” |
| 1980—1985年 | 产业重整 | 1980年推动第二期经济计划，解决劳工短缺及生产力低落问题；1980年推动“国家电子化计划”；1982年推动“小型产业技术协助方案”（SITAS）（于1986年更名为“国内企业技术协助方案”）；1983年成立“贸易发展局（TDB）”；1984年推动“新科技方案（INTECH）” |
| 1986—1998年 | 经济多元化 | 1986年推动跨国企业于该地建立制造业及服务业之海外营运总部、“国家资讯科技计划”、“地方产业升级计划”；1987年推动“员工训练方案”；1991年拟具“国家科技计划”及“策略经济计划”；1992年拟具“IT 2000计划”，打造科技岛推动“OJT 2000计划”，训练10万名劳工；1993年推动“全球贸易商业中心计划”、“区域营运总部计划”；1995年推动“创新发展方案”，耗资2.78亿美元；1996年推动“全国科技计划（NSPT）2000”、“制造2000”、“国际商业荟2000”计划；1998年成立“新加坡电力库（Singapore Electricity Pool）”，方便进行电力交易 |
| 1999年迄今 | 发展知识经济 | 1999年推动“21世纪工业计划（Industry 21）”、“21世纪多媒体与信息通讯技术战略Infocomm 21 strategic plan”，成立“科技创业委员会”，发展国际展览城市，举办新加坡世界博览会；2000年推动Trade 21及SME 21计划，推动4.07亿美元之科技计划（2001—2005），推动电子政务及电子商务；2003年推动Connected Singapore计划、电子政务计划二；2006年推动iN2 015计划 |

资料来源：《新加坡产业政策推动历程与结果》，载《东亚经贸投资季刊》，2006年第3期。

新加坡工业的主管部门为新加坡贸易与工业部（简称贸工部或MTI），贸工部有14个业务司和1个国家事业局（新加坡国家统计局）。主要司局部门有：经济与战略司、工业司、企业司、资源司、贸易司、国际业务开发司、能力开发组等。依照新加坡国会通过的法案，贸工部管辖10个法定机构，法定机构既隶属于贸工部，又相对独立。在业务领域，贸工部一般不直接接触企业，而是通过所辖的10个法定机构向企业提供服务，这些法定机构既博采众长而又各有分工。新加坡科学技术研究局主要为打造世界一流的科学研究和人才，为新加坡“知识经济”服务，其科学工程研究理事会整合了数据储存研究院（DSI）、化学与工程科学研究院（ICES）、高性能计算研究院（IHPC）、资讯通信研究院（$I^2R$）、材料与工程研究院（IMRE）、微电子研究院（IME）、新加坡制造技术研究院（SIMTech）、国家计量中心（NMC）等科研中心为一体；新加坡能源市场局主要为新加坡经济发展营造一个具竞争力和安全的能源产业；新加坡标准、生产力与创新局主要着力提升新加坡企业的竞争能力；裕廊镇集团是新加坡工业园区建设浪潮的先驱，集规划、促进和开发高质量工业设施和标准产业使用空间（如标准厂房等）为一体；新加坡竞争委员会则为保持和强化有效市场服务，旨在促进新加坡生产力、创新和市场竞争力。

新加坡致力于提供最优秀的企业经营环境，从政策上鼓励支持对外贸易，在法制上积极保护企业权益，因此在税收、跨境贸易、信贷和投资者保护的指数上都遥遥领先于其他国家。在2012年的企业经营环境排名中，新加坡超越中国香港高居世界第一位。①

## 三、工业发展布局

自独立以来，新加坡政府不断调整工业发展战略，其工业发展呈现出自身的特点。1960年时新加坡工业基础薄弱，工业产值只占国内生产总值（GDP）的19.4%，制造业产值仅有1.8亿新元。到1981年工业产值约占国内

① 世界银行：《全球营商环境报告》，2012。

生产总值(GDP)的31.2%，1989年达到了34.4%，其中制造业占26%，建筑业占5.4%，水电业占3%。1988年制造业的产值达145.09亿新元，主要以炼油、石化、造船、电器、交通设备等资本密集和高技术型产品为发展重点，反映了政府对工业转型调控的效果。[①]20世纪90年代，新加坡以发展服务业和制造业为主，农业在国民经济中的比重已相当小，不到0.5%。1995年，制造业的产值占国内生产总值(GDP)的27%，建筑业的产值占国内生产总值(GDP)的7%，表明此时新加坡工业的发展是以制造业为主。同年制造业产值达321亿新元，其中，电子电器业占51.4%，石油化工业占17.7%，金属工业占5.8%，交通设备展4.6%，其他行业占20.5%。制造业的就业人数不断增多，2001年就业人数达30.78万人，2008年达31.19万人。但受到2008年金融危机的影响，新加坡的制造业也受到一定影响，2009年就业人数缩减到29.36万人，2011年就业人数减少到29.24万人。表4-2和表4-3为新加坡近年来工业发展情况及制造业变化情况。

表4-2 新加坡工业各部门经济发展情况(单位：百万新元，%)

| 年份 | 制造业 | 制造业占GDP比重 | 建筑业 | 建筑业占GDP比重 | 公共设施 | 公共设施占GDP比重 |
|---|---|---|---|---|---|---|
| 2001 | 38 432.8 | 23.5 | 8 388.1 | 5.1 | 2 719.9 | 1.7 |
| 2006 | 59 838.0 | 26.4 | 6 426.4 | 2.8 | 3 442.4 | 1.5 |
| 2007 | 63 393.0 | 25.6 | 7 474.0 | 3.0 | 3 575.3 | 1.6 |
| 2008 | 60 783.5 | 24.2 | 8 975.3 | 3.6 | 3 644.7 | 1.4 |
| 2009 | 58 217.8 | 23.4 | 10 509.4 | 4.2 | 3 635.8 | 1.5 |
| 2010 | 75 492.8 | 26.4 | 10 918.2 | 3.8 | 3 880.2 | 1.4 |
| 2011 | 81 236.0 | 27.1 | 11 205.8 | 3.7 | 3 960.2 | 1.3 |

资料来源：Department of Statistics, Ministry of Trade & Industry, Republic of Singapore, Yearbook of Statistics Singapore 2012, July 2012, pp.7.1-7.6.

① 高伟浓:《新加坡制造业增长动因分析》，载《东南亚纵横》，1993年第4期，第17～18页。

表4–3　近几年新加坡制造业情况

| 年份 | 增长速度（%） | 制造业公司数（间） | 制造业就业人数（万） | 总产出（百万新元） | 直接出口额（百万新元） |
|---|---|---|---|---|---|
| 2001 | –1.6 | 4 041 | 30.78 | 138 323 | 84 209 |
| 2006 | 11.9 | 7 892 | 30.17 | 237 880 | 141 065 |
| 2007 | 5.9 | 8 166 | 40.40 | 253 381 | 152 318 |
| 2008 | –4.2 | 8 640 | 31.19 | 263 887 | 168 052 |
| 2009 | –4.2 | 9 296 | 29.36 | 226 784 | 150 774 |
| 2010 | 29.7 | 9 090 | 29.14 | 273 050 | 178 133 |
| 2011 | 7.8 | — | 29.24 | 285 454 | 184 676 |

资料来源：Singapore Department of Statistics，Manufacturing（Themes），2012.

自此，新加坡形成了以发展制造业为主，建筑业和公共设施建设为辅的工业格局，而制造业又主要以炼油、石化、电子、化工行业等为主导产业，并形成了相应的产业集群。新加坡政府还创建了裕廊工业园，在德福、双溪、加株、罗央等地也建立了轻工业基地，以图加快工业化步伐，促进经济增长。各个工业区的工业种类繁多，包括橡胶加工、造船、炼油、钢铁、水泥、化工、机械设备等。2011年，制造业占国内生产总值（GDP）的27.1%，建筑业占3.7%，服务业占国内生产总值（GDP）比重的69%，制造业产值达8 123.6亿新元。

## 第二节　能源工业

从地理区位上来看，新加坡地处太平洋和印度洋的交汇口，不仅拥有天然良港、深水码头，其腹地亦适合建造炼油厂、贮油终端等能源行业必需的基础设施。新加坡每年能源净进口占能源消费比重自2000年来一直维持在99.8%左右，尽管自然资源匮乏，本土没有石油和天然气的出产，却因为充分利用战略性的地理位置而成为东南亚的最重要的石油炼制中心之一。新加坡是该区域最重要的石油贸易中枢，自独立以来其能源行业发展迅猛，炼油业、石化业取得了令世界瞩目的成就，而能源高效利用、清洁能源等高新能源技术的发展也保护了环境。

## 一、炼油业

新加坡于20世纪60年代迈入炼油时代。在发展的过程中，政府和私人企业在炼油业上投入了大量资本，极盛时期对炼油业的投资占据了整个制造业投资金额的1/3以上。新加坡的炼油工业在70年代就已发展为当时制造工业部门的三大支柱工业部门（炼油工业、电子与电气机器工业、修船与造船工业）之首。80年代，新加坡发展成为世界第三大炼油中心以及亚太地区石油产品贸易中心。新加坡的炼油工业发展在对本国经济发展起到重要作用的同时，也带动了周边发展中国家的经济增长。

目前新加坡共有5家炼油厂，分别附属于壳牌石油公司、莫比尔石油公司、伦敦英国石油公司、埃克森石油公司和新加坡石油公司（由新加坡发展银行和英国石油公司、美国德士古石油公司合资经营）。新加坡炼油业的先驱是壳牌石油公司，该公司于1960年接受新加坡的“新兴工业（豁免所得税）法案”的政策优惠，在新加坡毛广岛上设立了一家日产2万桶石油产品的炼油厂。紧随其后，英国石油公司与美国莫比尔石油公司也相继于在新加坡投资设立炼油厂。英国石油公司买进了日本丸善石油会社子公司所设立的日产万桶石油产品的炼油厂，而美国莫比尔石油公司则在新加坡裕廊建立了一座日产1.8万桶石油产品的炼油厂，这两家石油公司的炼油厂分别于1964年与1966年投产，从而加入了新加坡的炼油业的行列[①]。1973年，第一次石油危机席卷全球，受原油价格大幅上扬和石油产品需求萎缩的影响，1976年新加坡炼油业开工率不到50%，直到1976年之后生产才逐步恢复。进入80年代后，新加坡的炼油工业先经历了前半个时期的衰退，1979年第二次世界石油危机爆发以后，原油价格再次猛涨，世界炼油业普遍低迷，

① 汪慕恒:《新加坡的炼油工业》，载《南洋问题研究》，1994年第2期。

新加坡在得到印度尼西亚和马来西亚的委托加工合同的支持下才勉强将开工率保持在80%。80年代后期，原油价格回跌，世界石油消费量在1989年恢复到十年内的最高水平。自此，亚太地区经济高速增长，亚太区地区石油需求量的增长幅度据世界第一位，新加坡炼油业全面复苏。1989年，新加坡五大炼油公司的总炼油能力达到了83万桶/日，占亚太总地区的6.8%，占世界总炼油能力的1.1%。

据统计，截至2010年5月，新加坡的原油炼制能力已超过139万桶/日（0.1Gt/a）。截至2012年1月，壳牌位于普劳布科姆的炼厂加工能力为2 310万吨/年，在全球大炼厂中位列第15位；新加坡石油公司（SPC）也已经发展成为大型区域性石油天然气公司，其主要业务包括原油炼制、市场营销与分销、原油及石油产品的加工、储存及油轮运输等，拥有世界级的石油炼厂、油品系列和超大型储存中转设施，其位于裕廊岛梅里茂岛的炼厂加工能力为1 450万吨/年。同时，新加坡商业岸罐仓储能力（不包括炼厂储罐）总计达919万立方米。总的来说，新加坡炼厂的加工工艺在世界范围内处于领先地位，日加工原油能力也相当于东南亚地区炼油总量的40%。今日的新加坡已成为仅次于美国休士顿、荷兰鹿特丹的世界第三大炼油中心。

新加坡强大的炼油能力和集散交易能力使得它在亚洲有着相当分量的话语权。其油品市场的价格行情，在亚洲的能源交易商中是十分重要的参考基准。新加坡掌控了亚洲油品市场价格行情，是亚洲石油产品的定价中心。

新加坡炼油行业的发展与政府的合理决策密不可分。自迈入炼油时代以来，政府有意降低干预力度，常常以合作伙伴的姿态对石油市场进行调节。在这样的背景下，企业完全依靠自己的力量参与市场竞争，拥有相当高的贸易自由。2001年6月，新加坡政府通过"全球贸易商计划"，获得全球贸易商计划证书的公司只需缴付10%的企业税，远低于17%的一般企业税。截至目前，这一计划已吸引了240家石油贸易商和石油公司相继落户新加坡，[1]新加坡成为亚洲成品油的集散中心，业务涵盖印度尼西亚、越南

① 柯立群、徐庆、张镍：《地理位置成就新加坡石化工业》，中国石化新闻网，http://www.sinopecnews.com.cn/shzz/content/2013-04/19/content_1288693.shtml

和其他南亚、东南亚国家，并辐射至欧洲、美国、澳大利亚和非洲。石油企业已形成一个庞大的群体，构建起一个透明的买卖和信息交流体系。而政府始终坚持“不干涉”的态度，更进一步增强了投资者对市场的信心，使市场进入良性循环。

据国际能源署预测，随着亚太地区经济蓬勃发展，到2030年，该区域的能源产业需要新增投资5.3万亿美元，以适应日益增长的能源需求。其中，中国将是能源消费增长较快的国家之一，到2030年的能源产业累计投资将超过2.3万亿美元，占亚太总投资的43%，占全球能源总投资的14%。新加坡是亚太区域内重要的银行与金融中心，并具备良好的投资和融资专长，凭借其石油运输、仓储、炼油等方面的优势，新加坡在本区域能源产业投资发展过程中将扮演重要角色，并将进一步加强其石油贸易中枢地位。

**表4–4　新加坡石油炼油能力的增减变化趋势(单位：千桶/日)**

| 公司名称 | 1970年 | 1975年 | 1979年 | 1980年 | 1985年 | 1989年 | 1990年 | 1991年 |
|---|---|---|---|---|---|---|---|---|
| 英国石油公司 | 25 | 26 | 24 | 24 | 28 | 30 | 28 | 28 |
| 美国埃索石油公司 | | 192 | 192 | 240 | 176 | 170 | 190 | 205 |
| 美国莫比尔石油公司 | 27 | 175 | 175 | 175 | 193 | 193 | 223 | 223 |
| 英荷壳牌石油公司 | 235 | 460 | 460 | 460 | 460 | 258 | 258 | 258 |
| 新加坡炼油公司 | | 65 | 70 | 170 | 161 | 179 | 179 | 179 |
| 新加坡炼油能力合计 | 287 | 918 | 921 | 1 069 | 1 018 | 830 | 878 | 893 |
| 亚太区合计(其中：新加坡所占的比重，%) | 6 662<br>(4.3) | 10 793<br>(8.5) | 11 986<br>(7.7) | 12 364<br>(8.6) | 12 262<br>(8.3) | 12 181<br>(6.8) | 12 604<br>(7.0) | 13 195<br>(6.8) |

资料来源：汪慕恒：《新加坡的炼油工业》，载《南洋问题研究》，1994年第2期。

## 二、石化业

与炼油业相比，新加坡的石化业起步较晚，其发展经历了1961—1969年的起步摸索阶段、1970—1989年的初始发展阶段和1990年至今的快速发展阶段。

20世纪60年代后期，新加坡陆续出现了一些生产石化材料、涂料、医药制品、塑料制品的企业。到了70年代中期也已经有一些生产甲醛溶液、烷基树脂、涂料用树脂、酚醛、甲醛树脂、聚脂树脂、盐化乙烯树脂的化工工厂投产，但以上这些工厂的生产规模都很小，且原材料大部分依靠进口，其下游石化产业未形成气候。为了优化石化产业结构，推动经济持续发展，新加坡决定发展下游石化产业。1971年新加坡提出在裕廊岛建立石化专业区的构想，要求日本住友化学公司协助规划，但1973年出现的第一次世界石油危机使这一计划暂时搁置，直到1977年才又被重新提上议事日程。1977年8月新加坡设立了新加坡石油化学公司负责实施第一期石化专业区计划，当时正是全球石化市场疲软时期，形势严峻。但此后不久，石化产品价格就在市场需求的带动下开始转暖，原本不被看好的计划竟取得了可观的效益。1980—1982年间新加坡先后设立了菲立普斯新加坡石化公司、新加坡聚烯烃石化公司、登卡新加坡石化公司、新加坡乙二醇石化公司等5家石化公司。1985—1990年间，新加坡又设立了新加坡乙氧基石化公司、蒂特拉新加坡石化公司和库里哈新加坡石化公司。这8家石化公司的石化工厂投产后，新加坡石油化工主要产品的产量迅速增长，1992年乙烯产量为40.3万吨，是1984年的2.4倍，丙烯在8年间产量翻了两番。到90年代初，石化产业取代造船与修船业成为新加坡的第三大支柱制造产业。为了满足下游产业对烯烃需求增长的要求，1991年新加坡政府又酝酿第二期计划，并于1997年4月开始实行。二期项目增加了多种下游产品，如苯乙烯、聚醚多元醇、线型低密度聚乙烯、丙烯酸（脂）、高吸水性树脂等。此后，新加坡石油化工产业进入快速集聚发展阶段，形成了世界级规模的石油和化工生产基地，把新加坡打造成为东南亚地区主要的石化产品供应中心、世界第三大炼油中心和第三大石油国际贸易中心。

在新加坡石化业的发展过程中，不可不提到的是裕廊工业区。裕廊工业区是新加坡综合性能源与石化产业中心，地处新加坡西南方向，连通新加坡陆地西南部地区、裕廊、大士、武公等岛，目前多数岛屿已与陆地通过桥梁或填海联通。裕廊工业园目前有43个产业园，占地近7 000公顷。[①]而裕廊化工岛是新加坡政府在其中的7个小群岛中，用填海方式连接而成的人工岛屿，位于新加坡西南海滨，距市区约10千米，总面积32平方千米。目前新加坡的炼油、乙烯生产集中分布在裕廊岛和武公岛，化工生产则依托炼油、乙烯在园区内展开，其中以裕廊、武公、大士和陆地接近裕廊岛的区域为主。目前裕廊岛已由最初的7个小岛通过填海合为一个岛，大士的发展用地由填海造地逐步解决，武公岛目前未与陆地联接，部分物料通过管线与裕廊联通。

裕廊工业区的发展历经了三个阶段。1961年10月，新加坡政府看中了裕廊岛良好的地理条件——水深近12米的天然良港、临近新加坡至马来西亚的铁路和公路干线、横贯其内可以提供工业用水的裕廊河以及完备的工业生产原料，创建了裕廊工业园区。起步阶段重点进行了基础建设，但由于当时采取进口替代型战略，园区对企业的吸引力不够高，因此企业较少。从1967年开始，新加坡经济发展战略逐步转为出口导向型，裕廊工业区迎来了第一次高速发展，吸引了大批世界石油、石化业大亨入驻设厂。从1980年到1989年，裕廊工业园进入技术与资本主导阶段，为了吸引高附加值产业落户、为高增长型的企业设计和提供有差异化的厂房设施，政府将南部的岛屿开发区建设成石油化工产品的生产和销售中心，并将罗央开发成为第一个航空工业中心以及建设新加坡科技园区以容纳科技开发型企业。1990年以来，随着土地资源的消耗以及激烈的市场竞争，为了提高土地利用率、实现集约化管理，裕廊工业区将成本效益分析和知识经济融合到工业园区的设计和发展去。

① 曹建军、宋婷:《裕廊工业园区建设经验及对我国石化园区规划的启示》，载《当代石油石化》，2012年第11期，总第215期，第13页。

通过50多年的不断发展，今天的裕廊岛已发展成为世界级工业重镇，岛上完善的设施与物流设备已吸引了超过90个国家的投资。国际化工巨头纷纷在这里落户建厂，包括荷兰皇家壳牌、埃克森美孚、雪佛龙、杜邦、巴斯夫、住友化学、三井化学等。通过集中投资，形成了化工产业集群，即上下游产业一体化的发展模式。目前，裕廊岛炼油能力已达6 300万吨，乙烯产能630万吨；工业总产值达590亿新元（约2 950亿元人民币），占新加坡制造业总产值的1/3。裕廊岛是全球第三大石油炼制中心，全球十大乙烯生产中心之一，全球最大的石油精炼中心之一，亚洲油产品的报价中心。①

## 三、新能源

新加坡能源资源十分匮乏，石油、天然气、煤炭等资源主要依赖进口。近年来，新加坡致力于将本国打造成世界清洁能源的枢纽之一，在环境工程、清洁能源等新兴产业投入资金。新加坡尤其看好清洁能源这个新兴领域的增长潜能，配套出台了清洁能源业发展蓝图，确立五大行动目标：其一，实现能源进口的多元化；其二，大力发展太阳能、风能等新能源；其三，提高能源利用率；其四，发展能源工业；其五，加强国际间能源领域的合作。

能源发展为了不受制于单一国家，新加坡采取通过市场谈判建立多方供应渠道的方法保证能源安全，此外在裕廊岛建设了大型石化能源产业基地。在实际的能源利用方面，新加坡政府强调能源用户端的高效利用，建筑设计中充分考虑减少能源消耗，结合花园城市建设，通过立体绿化，减少建筑能耗、实现低碳排放。新加坡80%的电能都由清洁能源天然气提供。目前，太阳能和风能在新加坡能源利用中所占比例较小，多体现在示范区和示范建筑上，如新加坡“南湾”的标志性建筑——太阳能超级树（Solar Supertrees in Singapore）。其实，该建筑并非传统意义上的摩天大厦，倒更像是发电装置、垂直花园及人工树的合成建筑。太阳能树高30～35米，树

① 江苏省发展和改革委员会网站：《化工可与蓝天碧海并存——新加坡裕廊岛石化产业园》，http://www.jsdpc.gov.cn/xwzx/ztxx/2012/jszzydt/tszs/201212/t20121212_289756.html

上有太阳能电池板、悬空花园、雨水收集部，既可以收集太阳能，也可以收集雨水，又能充当巨型装饰格架，其自身所产生的电能可以满足太阳能树晚上照明用电需求。[①]

## 第三节　制造业

### 一、电子制造业

电子制造是新加坡制造业的龙头产业，新加坡现为世界电子产品最重要的制造中心之一，产品出口额已跃居亚洲第三位。由于电子制造业是高附加值产业，技术含量高，耗材少、污染小、易运输，布局上无需接近原料产地和消费地区，所以该产业成为新加坡工业发展的最佳选择。同时，周边国家的工业水平相对落后，电子制造业的发展水平尚处于初级水平，这为新加坡的电子制造业提供了广阔的消费市场。

新加坡的电子行业发端于20世纪60年代，1968年半导体装配业在新加坡兴起。70年代，欧美发达国家开始信息技术革命，对电子计算机、通讯器材、家用电器、办公设备、电子零部件等的需求急速增加，新加坡抓住机遇，大力发展电子产业，开始在国际市场占有一定份额。进入80年代，新加坡电子制造业迅速发展，1985年产值为104亿新元，占制造业总产值的29.5%，1987年产值达175亿新元，占制造业的39.1%，1990年产值达299.99亿新元，占制造业总值的42%。同时，该行业的投资额也相应快速增长，1 980投资额为3.93亿新元，1990年上升到11.97亿新元，这一时期电子业成为制造业中增幅最大的行业。[②]进入90年代，随着跨国公司积极开发和生产技术密集型产品，新加坡电子业开始发展集成电路设计和晶片生产，此时不仅能生产大批量的发电机、电冰箱、冷气机等产品，而且生产大量的

① 毕世鸿编著:《新加坡概论》，广州：世界图书出版公司，2012年版，第250页。
② 鲁虎编著:《列国志:新加坡》，北京：社会科学文献出版社，2004年版，第134页。

电子计算机、彩色计算机、高级集成电路、雷达及宇航设备等，出口到欧美市场。利用新加坡电子企业生产元器件的国际著名电脑公司有国际通用机器公司、通用数据公司、创新技术公司等。1994年，电子业的总产值达493.5亿新元，占制造业总值的49.4%，增长率达22%，占世界电子业总产值的5%，其创造的附加产品占制造业产品出口的44.8%，电子产品的快速发展带动了整个制造业的增长。

90年代末，新加坡根据本国制造业的特点，将电子产业作为优势领域大力发展，并与世界新科技保持同步。2001年，制造业增加值中电子类所占比重为38%，电子及精密工程在制造业的固定资产投资中占65%。该产业已成为新的经济增长点，每年提供约1.4万多个新的工作岗位，其中62%为专业及熟练劳动者。[①]新加坡经济发展局计划将新加坡发展为世界一流的电子和精密工程中心，以此巩固制造业在全球市场中的重要位置，并侧重于高附加值的环节。

2007年新加坡电子工业增加值为108.4亿美元，占国内生产总值（GDP）的6.7%，出口额为473.6亿美元，其中半导体已成为新的支柱产业，占电子制造业58%的份额。2010年，电子业发展显著，产值增长26.9%，总值达899亿新元。2010年投入到电子业的固定资产金额达到58亿新元，商业总开支为19亿新元，是2009年整体固定资产投资和商业总开支的45%和22%，同时创造了2 600多个技术工作岗位。2010年，制造业中，电子业对国内生产总值（GDP）增长的贡献最大，达7%。电子行业的快速发展也提高了该领域员工的薪水，2010年电子业员工的平均年薪为51 600新元，比制造业平均年薪水平42 800元高出20%。[②]

新加坡半导体产能在全球的比重已从2001年的6.3%上升至2009年的11.2%，已成为全球半导体行业的产业重镇。2010年，新加坡抓住国际市场对智能手机、平板电脑和计算机零件的需求日益攀升的新形势，吸引了一

① 刘仁伍：《东南亚经济发展地图（2007）》，北京：社会科学文献出版社，2008年版，第160页。
② 毕世鸿编著：《新加坡概论》，广州：世界图书出版公司，2012年版，第252页。

批强劲的投资，电子行业也不断向高增值产品生产转移。2009年，新加坡半导体行业实际增长49.8%，大幅超越全球32.5%行业增长，新加坡本地稳健的生产能力是其从事集成电路设计和研发等知识密集型行业的基础。新加坡半导体产业从IC卡设计、芯片制造，再到封装和测试，已形成一个成熟的产业生态环境。半导体相关企业数量已经超过300家，分别来自北美、欧洲、日本等多个国家和地区，其中包括40家IC卡设计公司、14家硅晶圆厂、8家特制晶圆厂、20家封测公司以及一些负责衬底材料、制造设备、光掩膜等生产的配套企业。

近20年中，新加坡IT产业获得了长足发展，从IT产业的产值、市场规模和成长率等指标观察，在东南亚地区均居前位。IT产业涵盖硬件产业、软件产业、电脑网络产业、资讯服务和资讯配销五大类。过去新加坡主要从事零部件集合及硬盘驱动器生产，现在则是生产硬盘驱动器的核心部件——硬盘媒体，其中全球40%的硬盘媒体产自新加坡。1990年世界电脑磁盘驱动器产量是1 900万台，新加坡就已经生产了1 300万台。随着越来越多的跨国高科技公司把区域业务中心和研究开发中心设在新加坡，新加坡也逐渐成为了东南亚的硅谷。在电子业中，以硬磁盘为主的存储设备产值居首位，1994年达110亿新元，同比增长了40%，占世界同类产品总值的80%，电脑产值居其次，达98亿新元。从总量看，2002年新加坡IT产业营业收入总额占国内生产总值（GDP）的6%，并一直以两位数的速度增长，这为新加坡经济作出了较大贡献。进入21世纪初，信息软件产业发展最快，其年均增长率超过30%。目前，新加坡是世界最大的电脑磁盘和磁盘驱动器生产国，其产值占同类世界产品产值的77%。

新加坡IT产业迅速发展的原因主要有：（1）拥有成熟与先进的咨询基础环境；（2）密切互动的创新体系；（3）切合实际的人才政策；（4）政府大力扶持。自20世纪80年代下半期起，新加坡开始了第三次产业结构调整，发展高技术产业，推动企业实现自动化、电脑化，并在新层面上发展外向型经济，使新加坡很快成为东南亚和亚太地区的信息咨询服务中心。2012

年5月，为了提升新加坡资讯通信产业的生产力，新加坡资讯通信发展管理局推出了为期5年的“资讯通信产业生产力蓝图”。新加坡政府向软件开发、系统整合和资讯科技咨询这3个生产力相对偏低的IT领域给予4 600万新元的资助，三个领域约占IT企业35%的份额，提供了大约40%的工作岗位，这是新加坡政府首次为提升IT产业生产力而注入巨资，该计划最终将会使1 100多家IT企业受益，并为1万名资讯通信专业人士提供培训。由于新加坡正逐渐成为亚太地区的技术中心，对IT专业人才的需求越来越大，在职专业人士却只有9.3万，远少于目前约15万的实际需求，并且这一需求还以每年1万左右的速度增加。IT产业需要大量的人才，每年创造2万至2.5万个就业机会，专业人才培养也是新加坡政府着力考虑的问题。

## 二、船舶修造业

新加坡是世界航运的重要枢纽，俄罗斯远东地区、中国、日本、韩国以及东南亚国家至中东地区、非洲北部和欧洲国家海运航线上的商船都须绕经新加坡。得天独厚的地理位置为其发展海运服务、修造船业创造了有利条件。20世纪60年代初，新加坡还只有30多家船厂，除船舶修理以外，只能制造一些小型船只。1963年，新加坡在安排工业布局时，把发展船舶修造业列为“新兴工业”。新加坡政府通过直接投资，并制定优惠措施吸引外国资本和技术，船舶修造业迅速发展起来。1964年，新加坡与日本石川岛播联合经营裕廊造船厂。1965年，新加坡船舶修造业的产值增至5 000万新元，到1977年，船厂已有70多家，并能制造大中型船舶，1978年增加到16.5亿新元，13年增长了30多倍，新加坡成为苏伊士运河以东，日本以西的最大的船舶修造中心。

新加坡船舶修造业包括修船、造船、钻井平台及海事支援业等。进入20世纪80年代，因世界海运业和石油钻探业不景气，该行业严重衰退。

1985年营业额是80年代以来的最低水平，仅为3%，出口额为4.26亿新元，比1984年下降了57.3%。1986年出口额上涨为6.86亿新元，同比增加了56.3%；1987年营业额达11.09亿新元，同比增长53%，出口额为6.88亿新元，其中修船业营业额为6.88亿新元，造船业营业额为3.37亿新元，钻井平台营业额为8 400亿新元。新加坡成为世界第二大钻井平台生产基地，仅次于美国，占世界钻井平台产量的1/4。

90年代后，受国际航运市场长期不景气的影响，船舶修造业发展十分迟缓，传统造船国的造船工业受到很大打击，包括新加坡。1993年市场依然低迷，作为世界修船中心的新加坡，其三大船厂——吉宝、裕廊、森巴旺的修船净收益分别减少了4%、7%和24%。直到到21世纪初，新加坡的船舶修造业出现复苏迹象，2001年新加坡海事业获得订单的金额超过50亿新元，海事业从业者达到3万人，该行业的收益达30亿新元，其中修船、造船收益占60%，新加坡造船占世界修船市场份额的16%，船舶改装和海洋勘探平台建造占世界市场份额的60%，修船业成为世界第一。新加坡4个集装箱码头共处理货物1 590万标准集装箱（TEUs），比1998年增长5.3%。在不断探索新的产业和发展机会时，船舶修造业在制造业中所占份额虽然正不断被电子业、生物制药及精密工程类所取代，但是作为新加坡传统的制造业，在世界船舶修造业领域仍占据优势地位。

目前，新加坡已成为亚洲最大的修船基地之一，仅次于日本的亚洲造船中心，拥有一个40万吨级的巨型干船坞和两个30万吨级的干船坞，能修理世界上最大的超级油轮，并可同时修理总吨数达200多万吨的船只。这为航运、外贸以及炼油业的进一步发展创造了条件。新加坡能成为世界海运中心之一和最繁忙的港口，与其长期稳定的政局、重要的地理位置、完善的港口设施和高素质的人力资源、良好的市场经济体制等有着密切的关系。近年来，新加坡的修船业虽然正面临着中国和中东国家的激烈竞争，但其高效率和高素质仍能使其保持竞争优势。

# 第四节　裕廊工业区

国家独立之初，新加坡是个资源缺乏、工业基础落后、失业率极高的狭小岛国，新加坡政府尝试走建设工业园区，吸引跨国公司投资的道路，快速实现了工业现代化，时至今日仍保持着发展活力，成为许多亚洲发展中国家学习借鉴的模式。

## 一、概况

裕廊工业区位于新加坡西南部，是东南亚最大工业区，包括裕廊工业园、裕廊港、裕廊化工岛、大士工业园和裕廊镇城区配套，是新加坡最大的综合工业区，倡导“港口—城市—产业”一体化的开发模式。裕廊镇管理局公司(JTC Corporation)是这些工业园区的主要开发者。

工业园区的建设始于1961年，当时政府在裕廊划定6 480公顷专用土地，并拨出1亿新元进行基础设施建设。1968年，园区内的厂房、港口、码头、铁路、公路、电力、供水等各种基础设施建设基本完成。到2003年底，岛内已建立了30多个工业园区，共占地8 025公顷，已开发5 069公顷，包含了7 000多家跨国公司和本地的高技术制造业公司，对国内生产总值(GDP)的直接贡献率达25%，雇佣了全球1/3以上的劳动力。

裕廊工业区的工业种类很多，包括造船、修船、炼油、钢铁、水泥、化学、汽车装配、食品等。裕廊镇里有完善的现代化公路，有铁路通深水码头和海港。而其靠近国际航道的深水港，方便输入原料和输出成品，是促进裕廊镇发展的主要原因。裕廊港位于裕廊工业区南岸，是亚洲最大的散装货运港，是典型的产业港，它是依托裕廊工业园的产业发展壮大起来的，同时也带动园区产业的发展，港口与产业相互协同、互相促进。园区内沿裕廊河两岸规划了住宅区和各种生活设施，与园区内的港口、产业同步发展，兴建了学校、科学馆、商场、体育馆、银行、娱乐设施等，为园区内港区和产业提供综合服务业支撑，使裕廊工业园成为生产和生活的综合体。

目前，园区内企业数量已超过8 000家，各主导产业也由最初的初加工向高附加值产品领域延伸，形成了完整的产业链，使临港经济逐渐成熟。

## 二、开发运营模式

可以说，裕廊工业区的发展与新加坡经济发展是同步的，也符合政府的工业发展战略，其发展可分为三个阶段：第一阶段是劳动密集型产业主导阶段（1961—1989年），主要是为了解决新加坡就业问题，改变其工业落后的面貌；第二阶段是技术与资本主导阶段（1980—1989年），主要是为了吸引高附加值的资本与技术密集型产业，为高增长型的企业设计和提供具有差异化的设施和厂房，包括将南部的岛屿开发区开发成石油化工产品的生产和配售中心，将罗央开发成第一个航空工业中心及建设新加坡科技园区以容纳科技开发型企业；第三阶段是知识经济主导阶段（1990年以来），这一时期出现了商业园、技术园、后勤园等新概念的园区。为了提高集约化，高效利用园区的土地，负责裕廊工业区管理的裕廊集团将成本效益分析和知识经济，融合到工业园区的设计和发展之中。

新加坡工业园区的开发运营主要是由政府垄断开发，是政府主导的开发运营模式。不论是在最初的管理机构——经济发展局，还是后来在经济发展局独立而出的裕廊管理局的管理之下，新加坡工业园区的公共物品特性很强。在整个开发过程中，裕廊工业园区的资金筹集、土地利用、招商引资等均采用政府统一规划、专业化分工建设、管理和服务协调配合的发展模式。园区的初期开发建设资金来自政府，后期资金的来源呈多样化趋向。政府通过制定专门的法律制度来安排土地的开发和利用，由裕廊集团统一控制全国工业用地和各类园区的供给。这样由政府主导的开发模式能保证项目的快速启动，尽快达到规模经济，快速并以较低成本获取私人土地，可有效吸引跨国公司的投资，还可以避免在园区内发生恶性竞争。

裕廊工业园区采取公司总部统一招商策略，由新加坡经济发展局统一招商，在世界各地设立分支机构，采用的是在全球范围内集中招商模式。这种策略的主要特点是：拥有高度的营销自主权，为跨国公司提供优质服务的基础，有效选择客户群。新加坡把主要招商的客户群体分为三类，分别是：战略性公司，重点吸引其财务、市场等重要部门至园区内；技术创新型公司，重点吸引其核心产品及技术研发的部门至园区内；公司的重要部门，重点吸引其最复杂的生产程序和最先进的生产技术部门至园区内。这三类公司的进入，表明裕廊工业园区不再只是一个低成本的生产中心，而是公司进行战略运作的综合基地。

# 第五章　第三产业的发展和布局

新加坡的工业化为第三产业的发展创造了良好的条件。新加坡的工业发展与贸易相互推动，政府高度重视基础设施建设，自20世纪80年代以来，第三产业得到了空前的壮大和发展，形成了以金融、贸易和运输通讯为三大支柱的产业结构，高度发达的第三产业使得新加坡在世界经济体中占有重要地位。

## 第一节　第三产业发展概述

独立之初，新加坡政府审时度势，制定了走工业化的经济发展路线。20世纪60至70年代间，新加坡制造业发展迅猛，与此同时第三产业的相对份额处于下降趋势。进入80年代后，制造业的增长放缓，10年间平均增长速度仅为7.1%，远低于60和70年代的增长速度。而此时，新加坡第三产业由于工业化带来的贸易机遇和良好的基础建设，产业规模不断壮大，产业结构日益完善，目前已达到全面繁荣、高度发达的水平。

根据新加坡独立以来经济发展的总体情况，可将第三产业的发展历程大致分为两个时期：

### 一、第一阶段：20世纪60—80年代

新加坡经济发展的先驱是制造业，在制造业的带动下，第二产业比重由1960年的15.5%上升到1981年的36.1%；与此同时，第三产业的相对份额

一直呈下降趋势，由1960年的80.4%降至1981年的61.7%，特别是贸易部门，1960年占国内生产总值35.9%，1981年仅占21.9%。

这段时期，尽管新加坡第三产业的相对份额处于下降状态，但产业规模实际上处于增长状态。新加坡出口导向型工业的发展，更是为第三产业下一阶段的腾飞，做好了政策和基础建设上的铺垫。从金融业来看，在工业化初期，厂房、设备等巨额投资使银行业务得以开展，随着工业化的推进，新加坡逐渐成为投资收益率较高的地区之一，外资蜂涌而入进一步促进了金融业的发展。从贸易业来看，工业化之前的新加坡主要发展转口贸易，附加值低、对外依赖性强，所以发展较为缓慢。走上工业化道路后，新加坡工业与贸易相互促进，原先单一的转口贸易朝着出口为主、转口出口并重的方向转变，贸易额成倍增长，实力大大增强。此外，在工业化进程中，新加坡政府高度重视基础设施建设，这既促进了工业的发展，也为第三产业的发展提供了重要的基础设施条件。新加坡政府先后建立经济发展局、公用事业局、海港局、电讯局等部门，不仅赋予这些部门较高职权，更提供充足的贷款和财政补贴作为建设资金，用于扩建港口码头，发展水、电、交通运输及邮电通讯，开拓工业区等重大工程。

1973年至1977年间，为配合“劳动密集型工业”向“资本技术密集型工业”的战略转变，政府又实施了“公共工程五年计划”，先后拨出258亿新元，用于开发和兴建公共事业、交通与通讯、工业区、民用建筑及其他各类基础设施。由于基础设施集中、配套、系统的布局，不仅起到了引导投资方向、形成生产力合理布局的效果，而且提高了基础设施的服务能力和使用效率。

## 二、第二阶段：20世纪80年代至今

进入20世纪80年代，制造业发展的增速逐渐减弱，10年间制造业的平均增长率仅为7.1%，远低于60至70年代间平均14.1%的增长率，而同期的第三产业增长率却达到了7.3%，其中发展最为突出的金融业年平均增长率

高达12.1%。

80年代之后，新加坡的产业格局发生了微妙变化，整个第二产业在国内生产总值中的比重从1980年的35.7%下降到1990年的35.1%，而第三产业的比重则缓慢上升，从1980年的62.5%逐渐提高到1990年的64.5%，这标志着新加坡逐渐步入了后工业社会。这主要体现在两方面：首先是产业规模的急剧扩大，1960年第三产业总产值仅17.1亿新元，1989年已达到143.4亿新元，相当于1960年的8倍，第三产业部门的就业者，1965年时仅10.6万人，到1990年增加到87.3万人，就业人数增加了7倍；其次是第三产业的内部结构日趋完善，传统的贸易业为主的畸形结构已被打破，金融、运输通信迅速崛起，与贸易形成第三产业的三大支柱。1990年，金融、贸易、运输通信分别占新加坡国内生产总值的28%、17.2%和13.3%，三者合计占国内生产总值的58.5%，占第三产业全部增加值的91%。

## 第二节　交通运输业的发展和布局

### 一、交通运输业的发展概况

新加坡的交通运输业十分发达，它不仅是世界海运中心之一，也是连接亚洲、欧洲和大洋洲的重要航空中心。在工业化进程中，政府高度重视基础设施建设，目前新加坡基础设施完善，海运方面拥有全球最繁忙的集装箱码头，空运方面拥有全球服务最优质的机场。城市交通网络便捷发达。

得益于优越的地理位置，新加坡海运业发展迅猛，形成了一批业界翘楚，其中包括著名海运企业海皇集团、万邦航运、太平船务以及岸外海事主要的建造和供应商胜科海事和吉宝集团等。2013年在新加坡注册的船舶达4 379只，到岸船只达13.9万只，处理总货运量为23.261亿吨，货物吞吐量达5 609万吨，集装箱处理量约为3 258万个标准集装箱。新加坡的空运业也很发达，新加坡航空为100多家国际航空公司提供航运服务。2013年新加坡飞机起降次数达到34万多次，航空运输载客人数达到4 654.4万人次，其中到访2 650万人次，出境2 637.5万人次，转乘人数达951万。[①]

## 二、陆路运输

新加坡国土面积狭小，陆路交通运输系统一方面要满足人口增长带来的需求，另一方面也承担着提高城市宜居性的责任。为了最大限度发挥有限土地资源，新加坡用将近50年的努力，建立起高度发达的陆路交通运输体系，这一体系由公共交通与私人交通组成，而支持两者的最重要的基础性设施之一就是公路网络。2000年，新加坡全国公路干线长度超过3 000千米，其中高速公路140千米，共7条。尽管如此，新加坡政府认为其公路网络所面临的挑战依然严峻。为分流高峰时段主要道路的通行量，新加坡政府于1998年实施了电子道路收费制度，在主要道路入口和中央商务区进入道路上设置不停车电子收费系统（ETC），对通过车辆从其车载电子标签自动收取过路费，这一制度的实施使得高峰期间高速公路车速能保持在45～65千米每小时，其他道路车速能保持在 20～30千米每小时。2007年，新加坡建设公路用地已占国土面积的15%，形成了以8条快速公路为主线，众多普通道路为支线的公路网络，覆盖到全岛每个角落。2011年新加坡公路里程达3 411千米，其中高速公路161千米，主要道路645千米，集散公路557千米，本地普通公路2 048千米。[②]

目前，新加坡努力将自身打造成以人为本的国际化宜居城市，对陆路交通运输的发展策略主要有：

第一，优先发展公共交通。通过拓展轨道交通系统，提高公共交通网络的整合度，从出行者的角度进行规划，建设更多的一体化交通枢纽，有效连接巴士换乘站与地铁车站，为出行者提供更舒适、更便捷的换乘服务。同时，提供更多的巴士直通线路和车次，让乘客快速到达主要交通枢纽。

① Department of Statistic, Ministry of Trade & Industry, Republic of Singapore, Yearbook of Statistics Singapore 2014.

② 毕世鸿编著：《新加坡概论》，广州：世界图书出版公司，2012年版，第272页。

第二，加强道路的有效管理。新加坡政府认识到，仅不断增加道路供给并非长远之计，还需要对道路进行合理有效的管理。新加坡采用管制车辆保有量和限制车辆使用双管齐下的方法：一方面通过车辆配额系统控制车辆增长，规定每年发布的车辆执照总数；另一方面征收附加注册费、消费税与道路税。

第三，高科技化。高科技的使用可以使公路容量最大化，如利用具有自适应功能的绿波信号协调系统，调节信号控制车流；使用高速公路监控系统，以快速清除因交通事故造成的堵塞；通过电子信息板，向机动车使用者发布高速公路交通状况，道路使用者也可以通过国家陆交局的官方网站查询实时交通信息。

第四，人性化。新加坡人口老龄化趋势在不断增长，预计到2030年老龄人口将增加3倍达到近百万人，届时每5个居民中将有一人在65岁以上。[①]因此，必须加强公共交通系统的通达度，确保老年人方便进出社区。与此同时，残疾人士及低收入群体也应便捷地享用公共交通系统，以确保交通政策与不同群体的多样化需求保持同步。

目前，新加坡已形成了由地铁、轻轨、公共汽车及出租汽车等系统构成的公共运输网络，岛内公共交通线路四通八达，方便快捷。全岛地铁和轻轨线路有138千米和97个站点，公交车共344条服务线路，站点为4 544个。地铁运营里程149千米，共设99个站点，基本覆盖全国主要地区，承担了大部分客流量。轻轨系统作为地铁的补充和拓展，主要用于连接捷运站与主要居住区和商业区，从而实现点对点交通。另有出租车共27 695辆，保证了整个交通系统宏观运行的效率和稳定。出行数据上，公共巴士为340万人次每日，地铁/轻轨为240万人次每日，出租车为93万人次每日。虽然当地公共交通系统已经大为改善，但在上午繁忙的工作时段，乘车人数还是十分庞大，交通拥挤。过去15年来新加坡汽车每年增加2.3%，目前达到95.6万辆，随人口和经济的增长，新加坡公路网络还需不断扩大。表5-1为近几年来新加坡机动车的数量情况。

① 莫欣德·辛格：《新加坡陆路交通系统发展策略》，载《城市交通》，2009年第6期。

表5-1　新加坡机动车数量变化情况（单位：辆）

| 年份 | 2007 | 2008 | 2009 | 2010 | 2011 | 2012 | 2013 |
|---|---|---|---|---|---|---|---|
| 汽车总数 | 851 336 | 894 682 | 925 518 | 945 829 | 956 704 | 969 910 | 974 170 |
| 私家车和公司汽车 | 505 987 | 540 455 | 566 608 | 584 399 | 592 361 | 605 149 | 607 292 |
| 出租车 | 24 446 | 24 300 | 24 702 | 26 073 | 27 051 | 28 210 | 27 695 |
| 公交车 | 14 530 | 15 327 | 16 023 | 16 039 | 17 046 | 17 162 | 17 509 |
| 摩托车和踏板车 | 144 340 | 146 120 | 147 215 | 148 160 | 146 559 | 144 110 | 144 934 |
| 货运车 | 150 979 | 156 089 | 158 207 | 157 541 | 159 768 | 160 417 | 160 344 |

资料来源：Department of Statistics，Ministry of Trade & Industry，Republic of Singapore，Yearbook of Statistics Singapore 2014.

## 三、海洋运输

新加坡地处太平洋与印度洋的航运要道——马六甲海峡的出入口，地理位置优越，是一个天然的深水避风良港，在新加坡发展史上，港口始终扮演着极其重要的角色。自独立后，新加坡高度重视发展海运事业，不断投资扩建港口与码头，提高作业能力。新加坡港的发展可分为两个阶段：

第一阶段（1950—1980年）。独立后，新加坡处于工业占据主导地位的工业经济时代，新加坡港受自由贸易和临港加工的推动而缓慢成长。为规范管理，政府于1964年4月成立新加坡港务局，专门负责开发和经营海港事务。1968年起，新加坡实行“三班制”，并成立了国家船队，制定了《新加坡船只注册法》，提高航运竞争能力，凭借多年经营发展港口的经验，将自己提升为世界级的海港。1961年，经新加坡港口处理的货物达到601万吨，但是由于受各方面条件的限制，其后的4年里每年平均增长率仅为3.1%。

第二阶段（1980年至今）。进入80年代后，世界经济迈入全球化、信息化、网络化时代，新加坡的经济结构也由工业经济转变为服务经济和知识经济。新加坡港呈现出后工业化时代的特点，逐渐向高级服务业等高层次发展转型，政策上的优惠也吸引了大量外资涌入。1984年新加坡处理货运量为1.11亿吨，1993年提高到2.74亿吨，年平均增长率达10.5%。1986年新加坡一度超过鹿特丹港而跃为世界第一大港。在集装箱货物处理方面，新加坡港口在1984年的接收量为150万个标准集装箱（TEUs），1993年迅速达到900万个标准集装箱，占全球港口集装箱货物接收量的8%，新加坡因此而夺得了全球第二大港口的排名。国际管理发展学院和世界经济论坛编制的《1994年世界各国竞争力报告》中，新加坡在海港基础设施方面名列42个发达与新兴国家之首。①如今，新加坡港的各项指数均保持在世界前列。

作为世界上最繁忙的港口之一，新加坡在海运吨位方面始终名列前茅，建立了完善的集装箱操作系统，吸引了许多大型国际海上运输和海运管理公司，促进了离岸海事工程和石化公司的蓬勃发展，同时还提供完善的海事辅助服务。新加坡国际港务集团目前在16个国家经营着28个港口，以新加坡为中心的海运网络由200多条航线组成，连接123个国家的600多个港口。新加坡港联系着世界上250多家船运公司和123个国家的600多个港口，每周有大约430个航班发往世界各地，为货主提供多种航线选择。新加坡是世界上最大的转运中心，具有高效率、完善的转运机制，能使货物快速、经济地转口到其他地方。新加坡港是世界最大的集装箱中转枢纽港，提供集装转移、卸载等海港服务。作为国际集装箱中转中心，新加坡极大提高了全球集装箱运输系统的整体效能，成为国际航运网络中不可或缺的重要一环。

2007年新加坡港船舶停靠量为12.8万艘，其中集装箱船近2万艘，注册船只3 553艘，载重量3 960万吨。2008年新加坡海运和港口的海运业务并未受到全球性金融危机的影响，在抵港船舶总吨位、集装箱吞吐量、货物吞吐量、燃油供应量和船队规模等方面的数据又创新高，新加坡注册的船舶吨位已居全球第四。目前超过100家国际海运机构的本部设在新加坡，海运产业共雇佣了超过10万名员工，产值约占新加坡国内生产总值（GDP）的7%。2008年集装箱吞吐量达2 990万个标准集装箱，同比增加了7.1%。2011年，海运货物量达5.312亿吨，集装箱吞吐量达2 990万个标准集装箱。

如今，新加坡既是一个世界级的港口枢纽，也是首要的国际海事中

① 陶嘉顺:《新加坡的海运及其发展特点》，载《水运管理》，1996年第11期。

心。进入21世纪以来，新加坡政府依托其独特的地域优势，一方面更新港口基础设施，大力发展集装箱中转业务；另一方面推出自由港政策，实行自由通航、自由贸易，允许境外货物、资金自由进出，对大部分货物免征关税等优惠，由此带来货物吞吐量猛增，集装箱吞吐量曾连续多年位居世界第一，成为以海洋货物转运为主的国际中转枢纽港。与此同时，为了保持其在亚太地区国际金融中心的地位，以及尽快从生产型向服务型国际航运中心转变，新加坡海事及港务管理局陆续出台了包括船旗转换优惠政策（BFS）、获准国际航运企业计划（AIS）、海事金融激励计划（MFI）等一系列政策措施，并实行海运信托计划、新加坡海事组合基金（MCF）政策，推动新加坡航运集群，刺激船舶融资、航运经纪、海上保险、法律服务等航运服务业的发展。

新加坡海事及港务管理局作为该国唯一的政府海事管理机构，代表国家在国际事务中保护其海事与港口利益，负责管理新加坡海域船舶航行，保证船舶在港口内航行安全和控制海洋环境污染，负责管理港口的服务和经济活动。新加坡海运业所取得的成绩与政府部门对海运业的调整和改革密切相关，其中新加坡政局稳定和体制完善为国际经营奠定了良好基础。另外，有竞争力的登记费用、所得税豁免和自由兑换外币等经济政策，也促进了新加坡海运事业的发展。新加坡一直十分注意船舶安全和船员生活条件，对海运教育和人才培养十分重视，努力建设海运与港口管理人才培训中心。作为一个港口国家，新加坡航运业的建设与发展一直都是国家经济发展的重点，政府及有关部门非常重视加强国际技术合作，提高海运可持续发展性。

**表5-2 新加坡海运和船舶发展情况**

| 年份 | 抵港船舶吨位（百万吨） | 集装箱吞吐量（百万TEUs） | 货物吞吐量（百万吨） | 燃油供应量（百万吨） | 新加坡注册船舶数（艘） | 新加坡注册船舶（百万吨） |
|---|---|---|---|---|---|---|
| 2001 | 960.09 | 15.6 | 313.5 | 25.3 | 3 353 | 23.2 |
| 2006 | 1 315.0 | 24.8 | 448.5 | 28.4 | 3 249 | 34.8 |

续表

| 年份 | 抵港船舶吨位（百万吨） | 集装箱吞吐量（百万TEUs） | 货物吞吐量（百万吨） | 燃油供应量（百万吨） | 新加坡注册船舶数（艘） | 新加坡注册船舶（百万吨） |
|---|---|---|---|---|---|---|
| 2007 | 1 459.2 | 27.9 | 483.6 | 31.5 | 3 553 | 39.6 |
| 2008 | 1 621.1 | 29.9 | 515.4 | 34.9 | 3 843 | 43.7 |
| 2009 | 1 784.7 | 25.9 | 472.3 | 36.4 | 3 950 | 45.6 |
| 2010 | 1 919.4 | 28.4 | 503.3 | 40.8 | 3 978 | 48.8 |
| 2011 | 2 120.3 | 29.9 | 531.2 | 43.2 | 4 111 | 57.4 |
| 2012 | 2 254.4 | 31.6 | 538.0 | 42.7 | 4 232 | 65.0 |
| 2013 | 2 326.1 | 32.6 | 560.9 | 42.7 | 4 379 | 73.6 |

资料来源：Department of Statistics, Ministry of Trade & Industry, Republic of Singapore, Yearbook of Statistics Singapore 2 012, Judy 2 012, pp.14.1-14.2.

## 四、航空运输

新加坡作为亚洲地区重要的航空运输枢纽，联系着欧洲、亚洲、大洋洲的航空中心。目前新加坡共拥有5个机场，国际民航机场包括樟宜机场和实里达机场；军事用途机场包括巴耶利巴机场、森巴旺机场等。自成立50多年以来，新加坡航空公司赢得了广泛的荣誉，以提供优质服务和高质量产品而闻名。目前新加坡航空品牌在航空界中已广为人知，尤其是在安全、服务素质和革新风格方面尤为出色，已成为全球第二大航空运营商。

1975年新加坡政府投资13亿新元在东部新建现代化的樟宜国际机场，1981年7月1日樟宜机场正式启用。樟宜国际机场有3个货物集散站，货物吞吐量为500万吨，是世界第九大客运机场和第十大货运机场。为了满足航空运输的需求，1990年新加坡又兴建了第二座机场大厦。1991年有163万旅客在樟宜国际机场出入境，樟宜国际机场是东南亚最繁忙的机场，并成为亚洲的主要空中枢纽。樟宜国际机场自1981年启用以来，获得超过400个奖项，多次得到国际航空运输协会所颁发的最佳机场奖项。目前，樟宜国际机场占地1 300公顷，有5个航站楼，总载客能力达6 870万人次，为新加坡制造了超过1.3万个就业机会。2011年，已有100家航空国公司进驻新加坡，联系着60个国家的210个城市，每周6 300次班机，每年运送乘客超过4 600万人次。[①]国际航空业占全球生产总值的8%，而新加坡的航空业则仅占国内生产总值的5%，国际航空业为世界产值带来2倍的增值，新加坡航空业的增值率仅为15%，所以，新加坡航空业仍存在较大的发展空间。

2006—2007年间新加坡航空公司的利润增长了 72%，达到2.43亿新元，总收入为14.49亿新元，单在航空运输服务方面的增额为1.03亿新元，较上一年同期增长 58%。受到2011年以来欧债危机对电子产品、汽车零部件及其他产品需求的影响，航空货运市场一直处于低迷状态，新加坡航空的货机运载率仅为58.5%，为应对需求持续下滑和燃料价格上涨的不利局面，新加坡航空公司已将货运能力削减了20%。

新加坡航空公司一直被誉为最舒适、最安全、最具有创新精神的航空公司之一。该公司客运航线网络覆盖35个国家的65个目的地，并联合其他航空公司，使该航线网络发展扩及40个国家的98个目的地，覆盖亚洲、欧洲、北美、中东、西南太平洋和非洲。新加坡航空公司拥有最新式的机队之一，其90多架客机机队包括：客机A380、B747-400、B777、A340-500，还有10多架波音747-400货机。在机龄方面，其机队航机平均仅使用了6年多。新加坡航空公司具有用户至上、注重创新的特点：20世纪70年代，新加坡航空公司最早提供耳机给经济舱客人；1991年新加坡航空公司首家在机上装设环球卫星电话；1995年首家在全部三级客舱装备最先进的个人客舱娱乐及通讯系统；1996年首家率先在座位后安置液晶屏小电视；1999年最早在各级客舱影院采用杜比技术引入高品质影院环绕声；2001年10月第一家在各级客舱娱乐系统中设置音频/视频即时点播功能；2004年第一家在全部空中客车A340-500飞机上启用贝立兹全球旅行家互联网互动语言学习课程，包括英语、法语、德语、西班牙语、意大利语、希腊语、俄语、葡萄牙语、普通话、粤语和日语等；2001年投巨资改善商务舱睡椅，推出2米

① 毕世鸿编著:《新加坡概论》，广州：世界图书出版公司，2012年版，第270页。

长69厘米宽的睡椅，完全伸展平放后的倾斜角度为8度，能为客人提供最舒服的享受；如今，即使在35 000英尺的高空，在新加坡航空的飞机上依然可以利用宽带上网冲浪和回复邮件，这是新加坡航空公司以人为本的极致体现。

受国际航空市场上双边协议规则和国外航空公司所有制的严格限制，为了获得发展，新加坡航空顺应自由贸易潮流，最早在双边协议下拥有其他国外航空公司股份。2004年，新加坡航空公司在低票价领域推出了飞虎航空公司，采取了强硬的竞争手段，给低票价的竞争者提出了严峻的挑战。[①]同样，在规划机队时新加坡航空公司也非常慎重，不会接受那些不能递交保证书的制造商提供的飞机，但同时它又是一个忠诚顾客，只要认为有价值，就会耐心等待，对于A380的耐心就可以证明这一点。新加坡航空公司已经获得了很多“世界第一”的荣誉，包括由A340-500承运新加坡到纽约之间世界最长无中转航线服务。如今新加坡航空公司被世界同行们誉为“世界上盈利最高的航空公司之一”，还被授予“最优秀的航空公司”、“最优秀的公务舱”、“最优秀的机舱服务”、“最优秀的机上便餐”、“最守时和最安全的航空公司”、“商业旅行的最佳选择”、“最优秀的航空货运公司”、“亚洲最受尊重的企业”等称号。

在航空管理方面，民航业务由新加坡民航管理局负责管理，1984年实行私营化，政府拥有51%的股份。局长负责经营和管理业务，经营的盈亏直接与职位联系。而机场的具体业务如地勤、货运、机场商店、卫生、接送乘客服务等都是分包给各公司，民航局收取8%的收入，如果承包公司经营不好，或有乘客投诉，轻则受到批评，重则终止合同。为了能够更好提供航空服务，新加坡不仅在硬件上准备充足，拥有备受赞誉的樟宜国际机场，而且对飞机的维护、修理和翻修业也十分成熟，已占了亚洲航空市场1/4的份额。新科宇航等公司在新加坡提供完整的一条龙服务，包括机身维

① 王霞、乔秀文：《奇迹背后的战略远见——新加坡航空公司的成功之道》，载《空运商务》，2008年第19期。

修、引擎检修、引擎部件修理、结构系统修理和航空电子设备修理等。此外，新加坡还涉足航空设计和制造业务，包括发动机齿轮、阀门及机上厨房设备等。在研发方面，波音、EADS、普拉特·惠特尼公司和劳斯莱斯这些国际公司都与新加坡科技研究局及研究学院进行航天领域的项目合作。

新加坡对航空业工作人员要求很高，培养了一批技能熟练、训练有素、经验丰富的人力资源，这也是航空产业价值链中很重要的组成部分。新加坡对产业认识有着全方位的思考、长远的目标、整套的产业规划，对于每一时期的发展做好了完备的计划。新加坡航空运输业正向着一个多元化、高效率和具竞争的产业群方向发展。

## 第三节　旅游业的发展和布局

新加坡旅游资源相对匮乏，境内缺乏名山大川、自然森林等天然景观，发展旅游业的优势并不明显。新加坡政府为了发展旅游业，力图将每一个景点做到最大化，大力建设基础设施和人工景观。新加坡政府充分利用自身地理位置的优越性，借助其长期扮演地区服务中心的有利角色，将整个东南亚地区的旅游胜地作为自己发展旅游业的“腹地”，成功克服了旅游资源贫乏的限制，成为亚洲最受欢迎的旅游目的地之一。

### 一、旅游业发展历程

#### （一）成长阶段（1969—1981年）

这一阶段，新加坡经济的增长带动了旅游业，呈快速成长的趋势，入境旅游增长显著。除了1972年和1975年，其余年份的入境旅游收入增长率都超过了出境旅游消费，旅游收支呈现正增长。1975年政府决定建设樟宜机场，共计投资15亿新元，机场的投入使用为观光旅游提供了交通基础。[①]

① 胡明婕：《新加坡旅游业发展阶段及特点研究》，华东师范大学硕士论文，2010年。

新加坡积极建造人工景观，在东海岸建造了游泳池、烧烤区、度假木屋、垂钓码头、高尔夫球场等休闲设施，吸引游客前来度假。此外，新加坡还有规划地发展会展旅游，每年举办会议的数量从1971年的75个增加到1980年的158个，努力向着"东方会议中心"发展。1980年，新加坡接待国际游客256万人次，国际旅游收入6亿美元，旅游收入占国内生产总值的5.4%，占出口额的3.1%。

### （二）成熟发展阶段（1982—1996年）

进入20世纪80年代，随着经济水平的大幅提高，新加坡出境旅游进入繁荣时期，入境旅游则进入了成熟阶段。在这一阶段，新加坡的会展场馆设施大量兴建，其营销产业扩展到了全球范围，在数量和质量上都有了显著提升。1981年，新加坡第一座多功能会展中心投入使用；1986年，莱佛士城会议中心落成，它拥有当时全世界最高的酒店，其会议中心最多可容纳3 500名与会代表；1983年，新加坡被评为亚洲第一会议城市。此间新加坡举办会议的数量从1981年的246个增加到1990年的500个，极大保障了旅游业的发展。新加坡还大力推动城市美化、绿化运动，并加大对历史文化遗产的保护工作，力图打造花园城市。1992年接待国际游客比12年前翻了一番，达544万人次，是其人口规模的2.3倍，而国际旅游收入更达到52.04亿美元，旅游收入占国内生产总值的12.6%，占出口额的8.4%。[①]1995年新加坡接待的国际游客达714万人次，是其人口规模的3倍以上，国际旅游收入高达83亿美元，新加坡已经成为地区旅游强国。

### （三）竞争中的发展阶段（1996年至今）

自1997年东南亚金融危机爆发后，新加坡旅游业遇到挑战，其接待规模出现停滞局面，国际旅游收入不升反降。2001年接待的国际游客为750万人次，而国际旅游收入仅为94亿新元，出现了大幅度下滑。对此，新加坡政府采取了一系列措施，比如：2001年新加坡宣布进一步开放旅游业，

① 伍琴琴、刘连银：《进入新世纪以来新加坡旅游业发展战略研究》，载《东南亚纵横》，2009年第7期。

放宽和简化一些过时的条例，使申请从事旅游业者更容易获得经营旅行社的执照，现有旅行社更易获得经营其他旅游业务的执照，以加强旅游业者适应新经济环境的能力。

新加坡旅游业也面临激烈的地区竞争。东南亚各国为摆脱金融危机带来的影响，相继大力发展旅游业，在对游客吸引力和旅游开支等多方面与新加坡展开竞争。此外，中国、泰国和马来西亚等周边国家都把新加坡作为其主要竞争对手和学习对象，为了刺激当地旅游业发展，无论是在基础设施、区域吸引力、旅游产品开发和市场营销等领域都加大投资。这些国家在自然资源上大多都比新加坡更具优势，土地面积更为辽阔，国内市场更为宽广，物价水平上更占优势，旅游资源更加多样，并且具有适应开发新的旅游类型的潜力。

面对危机，新加坡大力扩充酒店、场馆、度假村等旅游硬件设施，进一步增强会展产业竞争力。面对地区竞争，新加坡放眼东南亚地区，将该地区视作重要旅游客源地，用艺术文化来丰富旅游内涵，与区域内的其他国家在合作中共同谋求利益。因此，目前新加坡的旅游业仍处于平稳发展中。2008年，新加坡酒店业收入达21亿新元，较上一年增长了12.1%，酒店平均入住率达到81%。

按照新加坡旅游局制定的发展规划，到2015年时，预计每年吸引游客1 700万人次，旅游收益达到300亿新元，并因此新增10万个就业机会。新加坡政府已经定下新的旅游业发展目标，将引进或开发出世界级综合度假胜地、摩天观景轮等世界级的旅游产品，进一步加强硬件设施建设。

## 二、旅游业现状

### （一）旅游市场管理

新加坡属热带海洋性气候，全年温和多雨，季节性温差不大，非常适合动植物的生长。新加坡独特的海岛位置以及低纬度的地理特征，造就了其独特的自然风貌。对于新加坡旅游业来说，没有寒潮袭扰的气候是成为一个全年时间都适合旅游的国度的重要条件。此外，新加坡社会经济发展水平以及科技水平位居世界发达国家行列，因此，其依托经济、科技所建立起来的一批具有现代气息的人文景观也十分吸引游客眼球。新加坡发达的交通运输行业和优良的基础建设也为旅游业的开展奠定了基础。

近年来，新加坡凭借其优越的地理位置和富有个性化的旅游品牌战略，逐步从亚洲旅游大国发展为世界旅游大国。新加坡借助其地区影响力，化东南亚邻国为其腹地，通过便捷的交通运输、完备的旅游设施、独特的旅游商品、繁荣的会展商业，吸引了大量来自世界各地的游客，当之无愧地成为亚洲地区理想旅游地及全球会展中心城市。为了引导新加坡旅游业继续健康、有序、可持续地发展，新加坡政府重视对旅游产业的管理和规划，提出了旅游业的未来发展思路。新加坡政府主要以以观光休闲、会展、教育、医疗四大领域为主要发展方向，重点打造以休闲观光度假为主的圣陶沙度假区和以会展商务为主体的金沙滨海城度假区这两大综合性旅游度假区，以期形成集商务旅游、会展旅游、休闲旅游和医疗旅游为一体的旅游发展模式，继续保持花园城市的美誉，进一步提高新加坡旅游业的整体形象和国际知名度。

在旅游业规范管理方面，新加坡依靠一系列政策和法规实行严格管理。目前新加坡已经颁布实施的有关旅游管理的法律有《新加坡旅游促进法》、《新加坡旅行社法》、《新加坡饭店法》、《新加坡旅游促进税法》等。新加坡法规的严格程度早已世界闻名，对游客的行为规范提出了苛刻的要求。《新加坡公共卫生法令》规定法庭有权发出劳作悔改令，判处乱抛垃圾者到指定地区打扫卫生，如果违反庭令，将被处以罚款或数月以内的监禁。在如此严格的管理下，新加坡城市风貌走在世界的前列，不愧为“花园城市”。

### （二）主要旅游客源地

从新加坡入境旅游客源来看，最大客源国首先是周边的东盟国家，其次是更远一点的其他亚太国家和地区，然后才是欧美国家，基本上符合由远至近递增的规律，受地缘因素影响较大。自2005年来，中国、日本、印度游客的增幅均较为明显，欧美游客的数量也呈较大比例的增长，其中澳大利亚等国较为突出。这说明新加坡在保持了亚洲人的首选目的地之一的地位的同时，也越来越得到欧美旅游者的认可，成为名副其实的世界旅游天堂。

**表5–3　新加坡主要旅游市场发展态势（单位：万人次）**

| 国家＼年份 | 2005 | 2006 | 2007 | 2008 | 2009 | 2010 | 2011 | 2012 | 2013 |
|---|---|---|---|---|---|---|---|---|---|
| 中国 | 86 | 104 | 111 | 108 | 94 | 117 | 158 | 203 | 227 |
| 澳大利亚 | 62 | 69 | 77 | 83 | 83 | 88 | 96 | 105 | 113 |
| 印度 | 58 | 66 | 75 | 78 | 73 | 83 | 87 | 90 | 93 |
| 日本 | 59 | 59 | 59 | 57 | 49 | 53 | 66 | 76 | 83 |
| 香港 | 31 | 29 | 30 | 28 | 29 | 39 | 46 | 47 | 54 |
| 英国 | 47 | 49 | 50 | 49 | 47 | 46 | 44 | 45 | 46 |
| 美国 | 37 | 40 | 41 | 40 | 37 | 42 | 44 | 48 | 49 |
| 总计 | 894 | 975 | 1 028 | 1 012 | 968 | 1 164 | 1 317 | 1 450 | 1 557 |

资料来源：Department of Statistics, Tourism, Republic of Singapore, Yearbook of Statistics Singapore 2014.

新加坡旅游部门统计数据表明，2013年前往新加坡的游客共计1 557万人，游客主要年龄为25岁至44岁之间。

**表5–4　赴新加坡游客的年龄构成**

| 年龄 | 百分比（%） |
|---|---|
| 15岁以下 | 9.13 |
| 15～19岁 | 3.56 |
| 20～24岁 | 6.94 |
| 25～34岁 | 22.52 |
| 35～44岁 | 20.99 |
| 45～54岁 | 17.22 |
| 55～64岁 | 12.62 |
| 65岁及以上 | 7.02 |

资料来源：Department of Statistics, Tourism, Republic of Singapore, Yearbook of Statistics Singapore 2014.

# 第六章　对外经济合作的发展和布局

新加坡是高度开放的经济体，在全球经济化进程中占得先机，经济对外依存度和国家竞争力显著提升，经济建设取得举世瞩目的成就。新加坡一直坚持贸易立国的发展道路，外贸已是新加坡经济发展的主导产业之一。

## 第一节　对外贸易概况和发展历程

新加坡国内市场规模小，经济外向型程度高，所以新加坡政府一直积极参与并推动全球贸易自由化进程。2011年新加坡人均国内生产总值（GDP）达到50 123美元，位列全球第三，而对外商品和服务贸易额相当于其国内生产总值（GDP）的4倍，2010年底新加坡吸收外资和对外直接投资存量分别相当于其国内生产总值（GDP）的2倍和1.3倍。①

### 一、对外贸易发展历程

独立之初，新加坡就推行贸易立国的策略，利用其原有的东南亚商贸集散中心的优势地位，大力发展对外贸易和转口贸易，这一产业成为当时新加坡国家赖以为生的经济基础，也为后来发展高度的外向型经济奠定了基础。

进入20世纪70年代，新加坡的对外贸易快速增长，贸易总额的年增长率高达20.2%，出口贸易和进口贸易平均增长率高达20.6%和19.9%。②进入

① 《对外投资合作国别（地区）指南：新加坡》（2013年版），中国商务部网站：http://www.mofcom.gov.cn/

② 毕世鸿编著：《新加坡概论》，广州：世界图书出版公司，2012年版，第291页。

80年代，由于受世界经济危机的影响，新加坡的经济增长速度也有所下降，1981年世界贸易增长率只有1%，新加坡却维持在10%左右，说明新加坡的外贸增长还是保持相对好的发展态势。这一时期，新加坡政府大力发展高技术高附加值工业，进行了产业升级，提高产品的出口竞争力，稳定了新加坡的贸易市场。重要的是，新加坡注重融进国际经济社会，支持并建立了多边贸易体制，是WTO的积极参加者。新加坡也很重视区域经济联盟的作用，它是东盟的创始成员国之一，又是亚太经合组织和亚欧会议的成员。新加坡善于利用这些贸易合作框架，减少关税和非关税壁垒，极大促进了自身贸易的发展。

进入90年代，由于新加坡加快了战略核心产业、信息技术产业的发展，贸易商品结构不断升级，贸易增速较快。这时期主要出口技术和资本密集型产品，电子、化工及石油产品、运输工具的出口大量增加，新加坡已是全球重要的集成电路、芯片等电子产品的生产基地及主要出口国。2001年世界电子市场陷入低迷，新加坡的电子产品贸易首当其冲受到拖累，导致外贸急剧下降，同比下跌9.4%。随着2002年美国经济的复苏，全球电子产品需求回升，新加坡的对外贸易取得1.5%的增长。如表6-1所示，2011年新加坡进出口贸易总额达9 743.9亿新元，同比增长8.0%；出口总额为5 147.4亿新元，增速达7.5%；其中国内直接出口为2 797.69亿新元，占出口总额的52.4%，转口贸易为2 538.38亿新元；进口总额为4 596.5亿新元，增速达8.6%。

**表6-1 新加坡对外贸易情况（2001—2011年）（单位：亿新元，%）**

| 年份 | 2001 | 2006 | 2007 | 2008 | 2009 | 2010 | 2011 |
|---|---|---|---|---|---|---|---|
| 对外贸易总额 | 4 257.2 | 8 104.8 | 8 466.1 | 9 276.5 | 7 474.2 | 9 020.6 | 9 743.9 |
| 出口额 | 2 180.3 | 4 315.6 | 4 506.3 | 4 776.6 | 3 911.2 | 4 788.4 | 5 147.4 |
| 进口额 | 2 076.9 | 3 789.2 | 3 959.8 | 4 508.9 | 3 563.0 | 2 432.2 | 4 596.5 |
| 贸易顺差 | 103.4 | 526.4 | 546.5 | 258.7 | 348.2 | 5 56.2 | 550.9 |

续表

| 年份 | 2001 | 2006 | 2007 | 2008 | 2009 | 2010 | 2011 |
|---|---|---|---|---|---|---|---|
| 对外贸易总额增长率 | — | 11.2 | 4.5 | 9.6 | -19.4 | 20.7 | 8.0 |
| 出口额增长率 | — | 11.3 | 4.4 | 5.8 | -17.9 | 22.4 | 7.5 |
| 进口额增长率 | — | 11.0 | 4，5 | 13.9 | -20.9 | 18.8 | 8.6 |

资源来源：Department of Statistics，Ministry of Trade & Industry，Republic of Singapore，Yearbook of Statistics Singapore 2012，July 2012，p.13.1

2012年，新加坡对外贸易进出口总额7 881亿美元，其中进口3 798亿美元，出口4 083亿美元，同比增幅分别为1.1%、3.2%和-0.9%，贸易顺差285亿美元。2013年新加坡货物贸易额9 802亿新元，略降0.5%，其中出口5 134亿新元，增长0.6%，进口4 668亿新元，下降1.6%，贸易顺差466亿新元。2014年1～4月，新加坡货物进出口额为2 641.9亿美元，比上年同期增长4.5%。其中，出口1 378.9亿美元，增长4.7%；进口1 263.0亿美元，增长4.3%。贸易顺差116.0亿美元，增长10.4%。4月当月，新加坡货物进出口702.3亿美元，增长4.3%。其中，出口368.0亿美元，增长4.2%；进口334.4亿美元，增长4.4%。贸易顺差33.6亿美元，增长1.5%。[①]

## 二、外贸商品结构

随着新加坡经济的快速发展和工业布局的实施，其产业结构不断优化，经济结构更趋合理，对外贸易的商品构成也在发生变化：出口商品中初级产品的比重不断下降，工业制成品的比重不断上升，而商品进出口的数量不断扩大，新加坡的贸易比较优势更为突出。[②]

进口贸易结构：20世纪60年代初期，新加坡主要进口食品和转口初级产品，约占进口商品总额的2/3；60年代中期至70年代中期，主要是进口

① 中新经贸合作网：http://www.csc.mofcom-mti.gov.cn/csweb/csc/info/Article.jsp?a_no=353106&col_no=137

② 毕世鸿编著：《新加坡概论》，广州：世界图书出版公司，2012年版，第293页。

工业原材料、半制品、机械运输设备。1970年进口机械和交通设备等工业制成品的数量最多，制造业产品的进口占总进口的59.4%，石油进口占11.3%；70年代中期至80年代中期主要进口先进的生产设备和机械、日用电子材料、运输设备。1988年原油在进口商品中居第一，进口额为82.62亿新元，通讯设备进口额为46.12亿新元；90年代以来，进口商品中机械和交通设备最多，占总进口额的一半，其他化工产品、制造业类产品占进口额的30%，初级产品的进口不断下降，原油的进口只占20%。随着新加坡农业面积的不断减少，新加坡的粮食、蔬菜基本是依赖进口。2011年新加坡的进口中机械设备进口额1 882.68亿新元，占商品总进口的41%，其中电子类进口为1 133.81亿新元，占机械设备进口额的60%。

**表6-2　近年新加坡进口商品结构（单位：百万新元）**

| 年份 | 2001 | 2007 | 2008 | 2009 | 2010 | 2011 |
|---|---|---|---|---|---|---|
| 商品进口总额 | 207 692.1 | 395 979.7 | 450 892.6 | 356 299.2 | 423 221.8 | 459 655.1 |
| 食品 | 5 245.1 | 7 764.1 | 8 633.1 | 8 083.5 | 9 290.3 | 10 295.7 |
| 酒水烟草 | 1 955.1 | 2 656.3 | 2 905.5 | 2 714.1 | 3 067.8 | 3 678.7 |
| 原材料 | 1 318.9 | 2 836.8 | 3 365.0 | 3 593.1 | 3 003.9 | 3 726.0 |
| 矿物燃料 | 26 119.3 | 83 366.9 | 128 791.8 | 89 000.6 | 115 591.6 | 149 945.5 |
| 化工产品 | 12 287.2 | 23 918.1 | 23 722.8 | 21 443.1 | 28 629.7 | 31 882.1 |
| 机器设备 | 123 890.0 | 207 628.9 | 209 514.7 | 169 832.5 | 196 105.6 | 188 268.1 |
| 制造业产品 | 15 160.4 | 30 679.2 | 34 953.9 | 26 036.9 | 26 457.6 | 30 995.6 |
| 其他制成品 | 18 490.9 | 29 391.8 | 29 145.7 | 24 869.5 | 29 683.6 | 32 060.3 |
| 其他 | 2 925.9 | 7 064.9 | 8 845.8 | 10 020.5 | 10 548.9 | 7 322.0 |

资料来源：Department of Statistics, Ministry of Trade & Industry, Republic of Singapore, Yearbook of Statistics Singapore 2012, July 2012, p.13.7.

出口贸易结构：20世纪60年代初期，新加坡的出口商品主要是橡胶、纺织纤维、食品、塑料、木材等原材料。60年代后期主要出口石油产品、钻井平台、船舶以及纺织、服装、食品、塑料制品等劳动密集型产品；70年代则是以出口石油制品、电子、电器、船舶和化学制品等技术密集型产品为主，而这一时期电子电器和修造船业的出口贸易大幅上升，其中船舶业居第三位，仅次于石油产品和橡胶；80年代，高新技术产业迅速发展，新加坡工业化相对比较成熟，主要出口电脑设备、计算机软件、自动化器材组件、采油机械、工业电子产品等。1988年出口额最高的商品是办公自动化设备，达108亿新元，石油产品居其次，达96.39亿新元，通讯设备第三，达75.69亿新元；90年代，石化产品、电子产品和元件等成为主要的出口产品，制造业产品占总出口额的97%左右，其中电子产品占新加坡出口的75%。2007年，新加坡对外出口中，本国直接出口占52.1%，转口出口占47.9%。本国直接出口的主要商品为：机械运输设备、电子设备及零件、通讯器材、发电机、船舶等，占本国直接出口的39.1%；石油类产品占比26.9%；化学品占比19.2%。2011年，新加坡商品总出口额达5 147.4亿新元，其中机械设备出口最多，达2 353.45亿新元，其出口包括集成电路、电脑元件、硬盘驱动器、通讯设备等。而其他制成品的出口额也在不断上涨，2011年达361.86亿新元，其中专业科技和控制仪器出口额增速最快。

**表6–3　新加坡主要出口商品结构（单位：百万新元）**

| 年份 | 2001 | 2007 | 2008 | 2009 | 2010 | 2011 |
|---|---|---|---|---|---|---|
| 商品出口总额 | 218 026.3 | 450 627.7 | 476 762.2 | 391 118.2 | 478 840.8 | 514 741.2 |
| 食品 | 2 773.9 | 4 387.3 | 4 903.8 | 4 718.2 | 5 455.3 | 6 663.2 |
| 酒水烟草 | 1 834.8 | 2 725.1 | 2 923.3 | 2 824.6 | 3 256.5 | 3 789.7 |
| 原油 | 1 574.1 | 2 886.0 | 3 037.4 | 2 262.1 | 2 819.9 | 3 315.2 |
| 矿物燃料 | 22 472.8 | 79 723.8 | 115 478.5 | 78 398.0 | 103 511.0 | 136 773.5 |
| 动植物油 | 318.3 | 552.6 | 888.7 | 593.0 | 610.6 | 564.1 |
| 化工产品 | 17 752.0 | 55 615.2 | 48 514.1 | 46 597.8 | 56 544.3 | 64 777.1 |

续表

| 年份 | 2001 | 2007 | 2008 | 2009 | 2010 | 2011 |
|---|---|---|---|---|---|---|
| 制造业产品 | 8 369.1 | 21 829.8 | 22 260.4 | 16 798.4 | 18 860.7 | 20 123.8 |
| 机械设备 | 140 393.2 | 246 552.3 | 241 746.9 | 202 512.0 | 244 128.0 | 235 345.6 |
| 其他制成品 | 19 112.6 | 29 740.6 | 30 354.3 | 27 875.5 | 33 775.1 | 36 186.7 |
| 其他 | 3 425.4 | 6 615.0 | 6 654.7 | 8 538.6 | 9 779.5 | 7 220.4 |

资料来源：Department of Statistics, Ministry of Trade & Industry, Republic of Singapore, Yearbook of Statistics Singapore 2012, July 2012, p.13.8.

2012年新加坡的外贸出口中，油品与非油品出口分别占37%和63%，本国产品出口与转口分别占56%和44%。出口的本国产品主要为：矿物燃料（主要为石油类产品）占37%、机械设备占31%、化学品占18%。主要进口商品为：机械设备占41%、矿物燃料（主要为石油类产品）占33%、化学品占7%、工业制品占6%。

## 三、贸易法规政策

### （一）贸易管理法律体系

新加坡国际企业发展局（International Enterprise Singapore，简称企发局或IE Singapore），是隶属于新加坡贸易工业部的法定机构，是新加坡对外贸易主管部门，其前身是成立于1983年的新加坡贸易发展局（贸发局）。企发局下设贸易促进部，并分设商务合作伙伴策划署和出口促进署，主要职能是宣传新加坡作为国际企业都会的形象以及提升以新加坡为基地公司的出口能力。

新加坡调控贸易活动的主要法律有：《商品对外贸易法》、《进出口管理办法》、《商品服务税法》、《竞争法》、《海关法》、《商务争端法》、《自由贸易区法》、《商船运输法》、《禁止化学武器法》、《战略物资管制法》等。

## (二)进出口管理

### 1. 开展进出口和转运业务的基本条件

首先，必须在新加坡组建一家公司并向会计与企业管理局注册，注册公司后，须向新加坡关税局免费申请中央注册号码，中央注册号码将允许申请者通过贸易网系统提交进出口和转运准证申请。

贸易交换网(Trade X-change)系统是新加坡全国范围内的贸易电子信息交换系统，能让私营部门在此平台上交换电子贸易数据和信息。一般情况下，在新加坡开展进出口或转运业务必须在贸易交换网上获得相关业务准证。

### 2. 货物的进口

货物进口到新加坡，进口商需通过贸易交换网向新加坡关税局提交准证申请。如符合有关规定，新加坡关税局将签发新加坡进口证书和交货确认书给进口商，以保证货物真正进口到新加坡，没有被转移或出口到被禁止的目的地。一般情况下，所有进口货物都要交纳消费税。如果进口货物是受管制的货物，必须向相关的主管部门提交准证申请并获得批准。

**表6–4 新加坡进口管制物品及主管机构**

| 项目 | 主管机构 |
|---|---|
| 投币式或盘片操作游戏机，包括弹球桌、射击游戏机和影响放映游戏机 | 公共娱乐执照组(PELU) |
| 动物、禽类及其产品 | 农粮与兽医局(AVA) |
| 武器与爆炸物 | 武器与爆炸物执照署(A&E) |
| 石棉制品 | 污化管制处(PCD) |
| 具防攻击功能的衣物，包括防弹背心 | 武器与爆炸物执照署(A&E) |
| 电池(普通)，碱性、炭锌和汞氧化物 | 污化管制处(PCD) |
| 预录的盒式磁盘、卡式磁带、音频光盘 | 媒体发展管理局(MDA) |
| 化学品：毒性及危险性化学品有毒及易制毒化学品杀虫剂 | 污化管制处(PCD)国际机构、化学武器公约(NA，CWC)污化管制处(PCD) |

续表

| 项目 | 主管机构 |
| --- | --- |
| 香口胶（牙科用）、香口胶（药用） | 违禁品，新加坡关税局（Singapore Customs）化妆品控制单位（CCU）管制支援单位（RSU） |
| 氟氯碳化合物（CFCs） | 污化管制处（PCD） |
| 打火机-气枪或左轮手枪形状 | 违禁品，武器与爆炸物执照署（A&E） |
| 化妆品与美容产品（除了由RSU管制的皮肤与面部药性美容液或膏） | 化妆品控制单位（CCU） |
| 柴油或汽油 | 污化管制处（PCD） |
| 来自黎巴嫩未经加工的钻石未经加工的钻石（KPCS） | 违禁品，新加坡关税局（Singapore Customs） |
| 交卷，影片/录像/激光光盘 | 媒体发展管理局（MDA） |
| 爆竹 | 违禁品，武器与爆炸物执照署（A&E） |
| 鱼类与渔业产品 | 农粮与兽医局（AVA） |
| 易燃物质 | 新加坡民防部队（SCDF） |
| 食品（不包括新鲜或冷冻蔬菜及水果） | 农粮与兽医局（AVA） |
| 水果（新鲜或冷藏） | 农粮与兽医局（AVA） |
| 水果机/吃角子老虎机 | 新加坡警察部队执照署（SPF） |
| 人参 | 农粮与兽医局（AVA） |
| 唱片 | 媒体发展管理局（MDA） |
| 手铐 | 武器与爆炸物执照署（A&E） |
| 哈龙（Halons） | 污化管制处（PCD） |
| 染发剂与护法品：毒性无毒性 | 管制支援单位（RSU）化妆品控制单位（CCU） |
| 头盔：工业安全性钢质 | 职业安全健康处（OSHD）武器与爆炸物执照署（A&E） |
| 人类病原体 | 生物安全组（BSB） |

续表

| 项目 | 主管机构 |
| --- | --- |
| 工业安全项目（安全带、安全挽具、救生绳索、安全绳、救生网） | 职业安全健康处 |
| 放射性器材 | 放射防护中心（CRP） |
| 任何媒介的录制与翻录器材（CD、CD-ROM、VCD、DVD、DVD-ROM） | 新加坡关税局（Singapore Customs） |
| 动物与禽类的肉与肉制品 | 农粮与兽医局（AVA） |
| 药物、药剂、药制品 | 管理支援单位（RSU） |
| 兽医用药剂 | 农粮与兽医局（AVA） |
| 奶粉以及马来半岛、沙巴、沙劳越生产的新鲜、去脂、巴氏杀毒牛奶 | 农粮与兽医局（AVA） |
| 硝化纤维素 | 武器与爆炸物执照署（A&E） |
| 有机肥料 | 农粮与兽医局（AVA） |
| 石油 | 新加坡民防部队 |
| 带泥土或不带泥土的植物、花及种子 | 农粮与兽医局（AVA） |
| 罂粟种子（Ksskas） | 中央肃毒局（CNB） |
| 易制毒化学品 | 中央肃毒局（CNB） |
| 出版物 | 媒体发展管理局（MDA） |
| 放射性物质 | 放射防护中心（CRP） |
| 犀牛角及处理后该产品的肥料和粉末 | 违禁品，农粮与兽医局（AVA） |
| 米（不包括米糠） | 新加坡国际企业发展局（IE Singapore） |
| 阴离子表面活性剂 | 污化管制处（PCD） |
| 餐桌用品与厨房器皿（陶瓷、晶质玻璃） | 农粮与兽医局（AVA） |
| 磁带（预录） | 媒体发展管理局（MDA） |
| 通信设备 | 新加坡资讯通信发展管理局（IDA） |
| 木材与木料 | 农粮与兽医局（AVA） |

续表

| 项目 | 主管机构 |
| --- | --- |
| 玩具手枪、气枪、左轮手枪 | 武器与爆炸物执照署(A&E) |
| 玩具对讲机 | 新加坡资讯通信发展管理局(IDA) |
| 蔬菜(新鲜、冷藏) | 农粮与兽医局(AVA) |
| 废铅酸电池及任何废铅、镉或汞质电池 | 污化管制处(PCD) |
| 部分从朝鲜进口或转口的货物 | 违禁品，新加坡关税局(Singapore Customs) |
| 部分从伊朗进口或转口的货物 | 违禁品，新加坡关税局(Singapore Customs) |

资料来源:《对外投资合作国别(地区)指南：新加坡》(2013年版)，中国商务部网站：http://www.mofcom.gov.cn/

3. 货物的出口

非受管制货物通过海运货空运出口，必须在出口之后3天内，通过贸易交换网提交准证申请。受管制货物，或非受管制货物通过公路和铁路出口的，需要在出口之前通过贸易交换网提交准证申请。出口受管制货物还必须实现取得相关主管机构的批准或许可。

**表6–5　新加坡出口管制物品及主管机构**

| 项目 | 主管机构 |
| --- | --- |
| 动物 | 农粮与兽医局(AVA) |
| 武器与爆炸物 | 武器与爆炸物执照署(A&E)新加坡关税局(Singapore Customs) |
| 具防攻击功能的衣物，包括防弹背心 | 武器与爆炸物执照署(A&E)新加坡关税局(Singapore Customs) |
| 化学品：有毒及易制毒化学品杀虫剂 | 国家机构、化学武器公约(NA，CWC)、新加坡关税局(Singapore Customs)、污化管制处(PCD) |
| 氟氯碳化合物(CFCs) | 污化管制处(PCD) |
| 项目 | 主管机构 |
| 未经加工的钻石 | 新加坡关税局(Singapore Customs) |

续表

| 项目 | 主管机构 |
| --- | --- |
| 鱼类和渔业产品 | 农粮与兽医局（AVA） |
| 人参 | 农粮与兽医局（AVA） |
| 手铐 | 武器与爆炸物执照署（A&E） |
| 哈龙（Halons） | 污化管制处（PCD） |
| 钢质头盔 | 武器与爆炸物执照署（A&E） |
| 放射性器材 | 放射防护中心（CRP）、新加坡关税局（Singapore Customs） |
| 肉类与肉类制品 | 农粮与兽医局（AVA） |
| 军事设备、其他军用品 | 新加坡关税局（Singapore Customs） |
| 易制毒化学品 | 中央肃毒局（CNB）新加坡关税局（Singapore Customs） |
| 放射性物质 | 放射防护中心（CRP）、新加坡关税局（Singapore Customs） |
| 犀牛角处理后该产品的废料和粉末 | 违禁品，农粮与兽医局（AVA） |
| 米（不包括米糠） | 新加坡国际企业发展局（IE Singapore） |
| 橡胶 | 新加坡国际企业发展局（IE Singapore） |
| 出口欧盟或美国的新加坡生产纺织品和服装 | 新加坡关税局（Singapore Customs） |
| 木材和木料 | 农粮与兽医局（AVA） |
| 玩具手枪、气枪、左轮手枪 | 武器与爆炸物执照署（A&E） |
| 废铅酸电池及任何废铅、镉或汞制电池 | 污化管制处（PCD） |
| 出口到阿富汗、科特迪瓦、刚果民主共和国、伊拉克、利比里亚、卢旺达、塞拉利昂、索马里、苏丹各类武器和相关物品及零件 | 违禁品，新加坡关税局（Singapore Customs） |
| 出口或转口到朝鲜坦克、装甲车、大口径炮、战斗机、战斗直升机、军舰、导弹或导弹系统及设备零件任何与核项目、弹道飞弹等联合国列名项目相关的材料、设备、技术等；奢侈品 | 违禁品，新加坡关税局（Singapore Customs） |

资料来源：《对外投资合作国别（地区）指南：新加坡》（2013年版），中国商务部网站：http://www.mofcom.gov.cn/

4. 货物的转运

所有从一个自由贸易区转运至另一个自由贸易区的货物，或在同一个自由贸易区内转运受主管部门管制的货物，必须事先通过贸易交换网取得有效的转运准证才能将货物装载到运输工具上。

5. 出口商品检验检疫

新加坡对进口商品检验检疫的标准和程序十分严格。负责进口食品、动植物检验检疫的部门是农粮兽医局（Agri-Food and Veterinary Authority，简称农粮局或AVA），负责进口药品、化妆品等商品检验的部门是卫生科学局（Health Science Authority，简称HSA）。

（1）农产品和食品检验：农产品和食品的进口商须向AVA申请执照，只有获得AVA进口执照的贸易商才能在新加坡从事农产品和食品进口业务。AVA有完整的一套食品安全计划，对肉、鱼、新鲜水果和蔬菜、蛋、加工食品等商品的进口来源、包装运输、检验程序、检验标准有不同的要求和详尽的规定。

（2）动物检疫：只有获得AVA执照的进口商才可以在新加坡从事商业用途的动物进口。每次进口动物须向AVA申请许可，并提前获得海关清关许可。所有进口动物需符合AVA申请许可，并提前获得海关清关许可。所有进口动物需符合AVA的兽医标准。

（3）植物检疫：进口植物及植物产品需出示原产国有关机构签发的植物检疫证书并获得AVA的进口许可。所有进口植物及植物产品必须符合AVA规定的健康标准，除另有规定外，植物及植物产品进口后必须接受AVA检查。受华盛顿公约（CITES）保护的濒临绝种植物，必须备有CITES的许可证方可进口。

（4）药品、化妆品检验：所有从事药品进口、批发、零售以及出口的经营者需向HAS取得相关许可才能开展业务。进口药品和化妆品前，需向HAS如实申报其成分、疗效等相关信息，获得批准后方可进口。HAS对进口相关产品进行抽检，一旦与申报不符，即取消其经营相关产品的资格。

6. 海关管理规章制度

新加坡《海关法》规定，进口商品分为应税货物和非应税货物，应税货物包括石油、酒类、烟类和机动车辆等4大类商品，非应税货物为上述4大类商品之外的所有商品。应税货物和非应税货物进口到新加坡多要征收7%的消费税，应税货物除征收消费税外，还需征收国内货物税和关税。

表6-5 新加坡应纳税商品及关税/国内货物税

| 商品名称 | 国内货物税 |
|---|---|
| 酒类商品 | S$48～70/公升 |
| 烟草类商品 | S$181～352/公斤 |
| 石油类商品 | S$3.7～7.1/十升 |
| 机动车 | 20% |
| 带引擎的摩托车、自行车 | 12% |

资料来源:《对外投资合作国别(地区)指南：新加坡》(2013年版)，中国商务部网站：http://www.mofcom.gov.cn/

## 四、主要外贸对象国

### (一)与主要贸易伙伴的关系

新加坡实行多元化、全面开放的贸易政策，独立后就注重扩大与欧美、日本、东南亚、西亚等国家和地区的贸易关系。西亚是新加坡炼油工业所需原油的来源地，美国是新加坡电子产品的主要出口国。自20世纪60年代以来，新加坡大力发展以出口为导向的外向型经济，这使新加坡经济高度依赖国际市场，在经济增长中，国外需求占总需求的70%，制造业产品的出口主要依赖发达国家的市场，服务业产品主要出口东盟国家。20世纪70年代后，新加坡开始不断扩大与中国、东盟、拉美以及美洲的贸易往来。1978年，东盟内部达成实施一些商品特惠贸易的协定，这有利于新加坡积极发展与东盟成员国的贸易关系。

表6-6 1996—2000年新加坡与主要贸易伙伴双边贸易(单位：亿新元)

| 国家/地区 | 1996 | | 1997 | | 1998 | | 1999 | | 2000 | |
|---|---|---|---|---|---|---|---|---|---|---|
| | 进口 | 出口 | 进口 | 出口 | 进口 | 出口 | 进口 | 出口 | 进口 | 出口 |
| 马来西亚 | 278.1 | 317.4 | 295.5 | 324.1 | 262.5 | 280.0 | 292.8 | 321.6 | 393.9 | 431.9 |

续表

| 国家/地区 | 1996 | | 1997 | | 1998 | | 1999 | | 2000 | |
|---|---|---|---|---|---|---|---|---|---|---|
| | 进口 | 出口 | 进口 | 出口 | 进口 | 出口 | 进口 | 出口 | 进口 | 出口 |
| 美国 | 302.6 | 324.5 | 330.2 | 341.2 | 312.5 | 365.1 | 320.4 | 372.2 | 347.2 | 347.2 |
| 日本 | 336.2 | 144.6 | 345.6 | 345.6 | 284.3 | 120.9 | 313.3 | 144.2 | 399.6 | 179.5 |
| 香港 | 59.2 | 156.9 | 57.8 | 57.8 | 47.6 | 154.2 | 54.0 | 149.2 | 60.6 | 187.1 |
| 台湾 | 74.2 | 68.7 | 82.1 | 82.1 | 65.2 | 79.3 | 75.4 | 94.8 | 102.9 | 141.9 |
| 中国 | 62.6 | 47.8 | 84.5 | 84.5 | 81.2 | 67.9 | 96.5 | 66.4 | 122.8 | 92.9 |
| 泰国 | 101.1 | 100.1 | 100.8 | 100.8 | 81.2 | 70.4 | 88.9 | 85.4 | 100.1 | 101.2 |
| 韩国 | 63.6 | 53.5 | 60.6 | 54.8 | 50.1 | 42.9 | 70.6 | 60.3 | 83.1 | 84.8 |
| 德国 | 67.6 | 54.1 | 67.2 | 53.8 | 58.4 | 55.6 | 61.1 | 55.2 | 73.0 | 73.8 |
| 菲律宾 | 19.6 | 32.4 | 29.5 | 43.8 | 40.0 | 41.2 | 49.7 | 47.9 | 57.9 | 58.4 |
| 总额 | 1 851.8 | 1 726.7 | 1 966.1 | 1 856.1 | 1 698.6 | 1 837.6 | 1 881.4 | 1 942.9 | 2 351.8 | 2 378.2 |

资料来源：Department of Statistics，Singapore，Yearbook of Statistics Singapore2001，2001.

从1993年与东盟国家签署第一个自由贸易协定（FTA）以来，至2012年1月，新加坡已经同26个贸易伙伴签订了19个自由贸易协定。其中建立了东盟自由贸易区（AFTA）、中国—东盟自由贸易区（CAFTA），签署了东盟—澳大利亚—新西兰自由贸易协定（AANZFTA）、东盟—印度自由贸易协定（AIFTA）、东盟—日本自由贸易协定（AJFTA）、东盟—韩国自由贸易协定（AKFTA）等，深化了多边自由贸易关系。同时，还与新西兰、日本、欧盟、澳大利亚、美国、印度、约旦、韩国、巴拿马、秘鲁、中国、海湾合作委员会和哥斯达黎加等国家和组织签署了双边自由贸易协定。可以说，与有关国家签订自由贸易协定，已成为新加坡政府推动企业走向海外的一项重要举措。

表6-7　2001—2011年新加坡与主要贸易伙伴的贸易统计（单位：亿新元）

| 国家 | 2001 | 2006 | 2007 | 2008 | 2009 | 2010 | 2011 |
|---|---|---|---|---|---|---|---|
| 欧盟 | 563.6 | 917.0 | 974.5 | 1 043.8 | 868.2 | 994.1 | 1 060.3 |
| 美国 | 676.7 | 903.0 | 881.5 | 862.9 | 669.2 | 783.8 | 766.9 |
| 中国 | 224.5 | 852.6 | 915.6 | 914.1 | 757.1 | 953.1 | 1 013.9 |
| 马来西亚 | 737.9 | 1 058.5 | 1 099.1 | 1 114.5 | 8 614.5 | 1 066.0 | 1 220.0 |
| 印度尼西亚 | — | 629.3 | 663.9 | 751.3 | 585.2 | 679.2 | 780.2 |
| 香港 | 243.6 | 498.4 | 529.6 | 544.3 | 491.7 | 600.8 | 607.7 |
| 日本 | 455.1 | 552.3 | 540.9 | 600.7 | 449.5 | 555.9 | 560.8 |
| 台湾 | 200.5 | 392.7 | 370.8 | 366.1 | 311.8 | 426.8 | 456.9 |
| 泰国 | 187.3 | 318.0 | 314.5 | 345.4 | 265.2 | 312.8 | 319.2 |
| 韩国 | 152.3 | 305.1 | 352.1 | 426.5 | 358.6 | 440.6 | 467.8 |
| 总额 | 4 257.2 | 8 104.8 | 8 466.1 | 9 276.5 | 7 474.2 | 9 020.6 | 9 743.9 |

资料来源：Department of Statistics, Ministry of Trade & Industry, Republic of Singapore, Yearbook of Statistics Singapore 2012, July 2012, p.13.2.

2012年新加坡前十大贸易伙伴为：马来西亚（11.5%）、欧盟（10.7%）、中国（10.5%）、印度尼西亚（8.1%）、美国（7.7.%）、中国香港（6%）、韩国（5.4%）、日本（5.3%）、中国台湾（5%）和泰国（3.3%）。其中，前十大出口市场为马来西亚、中国香港、中国、印度尼西亚、欧盟、美国、日本、澳大利亚、韩国和泰国；前十大进口来源地为欧盟、马来西亚、中国、美国、韩国、中国台湾、日本、印度尼西亚、沙特和阿联酋。2013年新加坡货物贸易伙伴主要集中在邻近的东南亚地区以及中、日、韩和美国；主要出口市场为：马来西亚、中国、中国香港、印度尼西亚、美国、日本和韩国；主要进口来源地为：中国、马来西亚、美国、中国台湾、韩国、日本、印度尼西亚和阿联酋。①

① 《对外投资合作国别（地区）指南：新加坡》（2013年版），中国商务部网站：http://www.mofcom.gov.cn/

表6-8　2013年新加坡前10大货物贸易伙伴

| 排名 | 国家/地区 | 贸易额（亿新元） | 同比（%） | 份额（%） |
|---|---|---|---|---|
| | 全球 | 9 801.53 | −0.48 | 100.00 |
| | 东盟 | 2 555.89 | −1.77 | 26.08 |
| | 欧盟 | 965.57 | −8.37 | 9.85 |
| 1 | 中国 | 1 152.00 | 10.96 | 11.75 |
| 2 | 马来西亚 | 1 135.52 | 0.16 | 11.59 |
| 3 | 美国 | 777.23 | 2.75 | 7.93 |
| 4 | 印度尼西亚 | 747.90 | −5.76 | 7.63 |
| 5 | 中国香港 | 610.39 | 2.52 | 6.23 |
| 6 | 中国台湾 | 554.14 | 11.59 | 5.65 |
| 7 | 韩国 | 508.68 | −3.55 | 5.19 |
| 8 | 日本 | 475.65 | −8.79 | 4.85 |
| 9 | 泰国 | 305.92 | −4.92 | 3.12 |
| 10 | 阿联酋 | 277.06 | 8.68 | 2.83 |

资料来源：中国驻新加坡大使馆经济商务参赞处网站：http：//sg.mofcom.gov.cn/

2012年新加坡服务贸易额为3 113亿新元，增长7.5%，其中出口1 560亿新元，增长6.8%，进口1 553亿新元，增长8.2%，贸易顺差7.5亿新元。新加坡服务贸易伙伴主要为欧盟、美国、澳大利亚、中国和日本。2012年前五大出口市场依次为：美国、澳大利亚、英国、日本和中国；前五大进口来源地依次为：美国、英国、荷兰、中国和日本。新加坡服务贸易主要出口类别为：运输（占35%）、旅游（占15%）、金融服务（占13%）、商务管理服务（占10%）；主要进口类别为：运输（占29%）、旅游（占19%）、知识产权（占16%）、商务管理服务（占8%）。

表6-9　2012年新加坡前5大服务贸易伙伴

| 排名 | 国家/地区 | 贸易额（亿新元） | 同比（%） | 份额（%） |
|---|---|---|---|---|
| | 全球 | 3 113.43 | 7.49 | 100.00 |
| | 东盟 | 234.53 | 11.07 | 7.53 |
| | 欧盟 | 455.16 | -1.36 | 14.62 |
| 1 | 美国 | 431.56 | 21.87 | 13.86 |
| 2 | 澳大利亚 | 162.56 | 10.21 | 5.22 |
| 3 | 英国 | 153.58 | -4.71 | 4.93 |
| 4 | 中国 | 140.76 | 6.51 | 4.52 |
| 5 | 日本 | 138.48 | -3.63 | 4.45 |

资料来源：中国驻新加坡大使馆经济商务参赞处网站：http：//sg.mofcom.gov.cn/

### （二）与中国的贸易关系

2008年10月中国与新加坡签署了《中国—新加坡自由贸易协定区协议》，新加坡是首个同中国签署全面自贸协定的东盟国家。根据协定，新加坡已于2009年1月1日起取消全部自中国进口商品关税；中国也于2010年1月1日前对97.1%的自新加坡进口产品实现零关税。两国还在服务贸易、投资、人员往来、海关程序、卫生及植物检疫等方面进一步加强合作。2010年4月14～15日，双方召开了第一次工作会议，对中国—新加坡自由贸易区协定执行情况进行了回顾，并讨论进一步通过自贸协定促进双边货物流通、服务、投资等方面的合作。2011年7月，双方签署两份补充协议，加强危机管理方面的合作，为双方企业办理关税优惠手续提供更多便利，同时在美容和城市交通服务行业中提早为新加坡提供优于东盟其他国家的待遇。

新加坡与中国保持着长期密切的贸易关系。近年来，双方贸易持续稳定增长。据中方统计，2012年中新双边贸易额693.8亿美元，其中中方出口

407.5亿美元，进口285.3亿美元，同比分别增加8.7%、14.6%和1.4%，新加坡为中国在东盟的第三大贸易伙伴、第一大出口市场和第四大进口市场。据新加坡方面统计，2012年新加坡从中国进口的商品主要为机电产品、矿物燃料和钢铁产品；向中国出口的主要商品为机电产品、矿物燃料、塑料制品和有机化学品等。

表6-10　2003—2012年中国和新加坡贸易情况（单位：亿美元）

| 年份 | 进出口额 | 中国出口 | 中国进口 | 累计比去年同期增减（%） | | |
|---|---|---|---|---|---|---|
| | | | | 进出口 | 中国出口 | 中国进口 |
| 2003 | 193.5 | 88.7 | 104.8 | 37.9 | 27.3 | 48.8 |
| 2004 | 266.8 | 126.9 | 139.9 | 37.9 | 43.1 | 33.5 |
| 2005 | 331.5 | 166.3 | 165.2 | 24.2 | 31.1 | 18.0 |
| 2006 | 408.5 | 231.9 | 176.7 | 23.3 | 39.4 | 7.0 |
| 2007 | 471.6 | 296.4 | 175.2 | 15.4 | 27.8 | 0.9 |
| 2008 | 524.4 | 323.0 | 201.4 | 10.5 | 7.9 | 14.9 |
| 2009 | 478.7 | 300.7 | 178.0 | -8.8 | -6.9 | -11.8 |
| 2010 | 570.6 | 323.5 | 247.1 | 19.2 | 7.6 | 38.8 |
| 2011 | 634.8 | 355.7 | 279.2 | 11.2 | 10 | 12.9 |
| 2012 | 692.8 | 407.5 | 285.2 | 8.7 | 14.6 | 1.4 |

资料来源：《对外投资合作国别（地区）指南：新加坡》（2013年版），中国商务部网站：http://www.mofcom.gov.cn/

# 第二节 对外直接投资（FDI）

新加坡政府非常重视对外投资所带来的经济、政治、文化等各方面的利益，21世纪以来，新加坡的对外投资有了更快的发展，每年增长4%以上。

## 一、FDI概况、优势

### （一）FDI政策

新加坡负责投资的主管部门是经济发展局（EDB，简称经发局），成立于1961年，是隶属于新加坡贸工部的法定机构，也是专门负责吸引外资的机构，具体制定和实施各种吸引外资的优惠政策并提供高效的行政服务，目标是将新加坡打造成具有强烈吸引力的全球商业与投资枢纽。

外资进入新加坡的方式无限制。除金融、保险、证券等特殊领域需向主管部门报备外，绝大多数产业领域对外资的股权比例等无限制性措施。

新加坡对于外资在新加坡开展并购总体上无特殊限制。普通私人有限公司收购兼并活动中需要遵守公司法及公司章程的相关规定，对于上市企业在收购兼并过程中，必须符合相关规定。对收购兼并的目标，需要由第三方独立的机构进行公允值评估，作为收购或者兼并的依据，同时在兼并收购过程中，也需要遵守合同法等其他相关法律法规的要求。新加坡有竞争法（Competition Law），以确保企业在运营、经营中公平竞争。关于收购兼并的主要手续及操作流程，并没有固定的格式与要求，但企业在进行收购兼并之前须委托当地具有一定影响力和公信度的会计师事务所、理财师事务所及相关的行业机构，就收购兼并目标的财务、法律、行业合规性等进行尽职调查，矿业及资源类的企业应对矿业、资源的储量、拥有权、开采权等进行相应调查。

### （二）优惠政策框架

新加坡优惠政策的主要依据是《公司所得税法案》、《经济扩展法案》及每年政府财政预算案中涉及的一些优惠政策。新加坡采取的优惠政策主要是为了鼓励投资、出口、增加就业机会、鼓励研发和高新技术产品的生产以及使整个经济更具有活力的生产经营活动。对涉及特殊产业和服务(如高技术、高附加值企业)、大型跨国公司、研发机构、区域总部、国际船运以及出口企业等给予一定期限的减、免税优惠或资金扶持等。政府推出的各项优惠政策，外资企业基本上可以和本土企业一样享受。

1. 主要优惠政策

新加坡经济发展局为鼓励、引导企业投资先进制造业和高端服务业、提升企业劳动生产力，推出了先锋计划、投资加计扣除计划、业务扩展奖励计划、金融与资金管理中心税收优惠、特许权使用费奖励计划、批准的外国贷款计划、收购知识产权的资产减值税计划、研发费用分摊的资产减值税计划等税收优惠措施，以及企业研究奖励计划和新技能资助计划等财政补贴措施。

新加坡国际企业发展局为支持企业开展国际贸易活动、打造环球都市，推出了环球贸易商计划。新加坡标新局为扶持中小企业发展、鼓励创新、提升企业劳动生产力，推出了天使投资者税收减免计划、天使基金、孵化器开发计划、标新局起步公司发展计划、技术企业商业化计划、企业家创业行动计划、企业实习计划、管理人才奖学金、高级管理计划、业务咨询计划、人力资源套餐、知识产权管理计划、创意代金券计划、技术创新计划、品牌套餐、企业标准化计划、生产力综合管理计划、本地企业融资计划、微型贷款计划等财税优惠措施。

为了实施新加坡经济战略委员会2010年提出的未来十年七大经济发展战略，围绕提高劳动生产力、提升企业能力和打造环球都市这三大战略目标，新加坡政府出台了一系列优惠措施，比如，推出生产力及创新优惠计划、培训资助计划和特别红利计划，设立了国家生产力基金，强化就业入息补助计划，通过税收减免鼓励企业并购重组和土地集约化经营。

还有生产力及创新优惠计划(Productivity and Innovation Credit)(一年功绩5.2亿新元)，该计划于2010年推出，实施期限为2011—2015年。根据该计划，企业在规定的6项经营活动中，首30万新元符合规定的费用可以享受250%的税额抵扣，这6项费用包括：研究与开发费用、认可的设计费用、收购之时产权费用、知识产权注册费用、购买/租赁自动化设备、员工培训。政府于2011年预算案中宣布加强计划的各项优惠。在六大项目中，每个项目可享受税额抵扣的上限从首30万新元提高到40万新元，可享受的税额抵扣比率从以前的250%提高到400%。也就是说，企业在规定的六项活动中的任一项中，每花费100员即可从政府处收到68元的津贴。2011年预算中还提升了该计划的现金发放额，除了税收抵扣外，企业也可选择在首笔10万新元符合规定的费用中享受现金发放，最高套现额从2010年的2.1万新元提升到3万新元。

2. 行业鼓励政策

（1）先锋企业奖励：享有先锋企业（包括制造业和服务业）称号的公司，自生产之日起，其从事先锋活动取得的所得可享受免征5～10年所得税的优惠待遇。先锋企业由新加坡政府部门界定，通常情况下，从事新加坡目前还未大规模开展且经济发展需要的生产或服务的企业，或从事良好发展前景的生产或服务的企业都可以申请“先锋企业”资格。

（2）发展和扩展奖励：从政府规定之日起，一定基数以上的公司所得可享受最低位5%的公司所得税率，为期10年，最长可延长到20年。此项政策主要是为鼓励企业不断增加在高新技术和高附加值领域的投资并提升设备和营运水平。曾享受过先锋企业奖励的企业以及其他符合条件的企业均可申请享受此项优惠。

（3）服务出口企业奖励：从政府规定之日起，向非新加坡居民或在新加坡没有常设机构的公司或个人提供与海外项目有关的符合条件的服务的公司，其符合条件的服务收入的90%可享受10年的免征所得税待遇，最长可延长到20年。

（4）区域/国际总部计划：将区域总部（RHQ）或国际总部（IHQ）设在新加坡的跨国公司，可适用较低的企业所得税税率。区域总部为15%，期限为3～5年；国际总部为10%或更低，期限为5～20年。此项政策主要是为鼓励跨国公司将区域或国际总部设立在新加坡。具体优惠企业可与新加坡企业发展局(EBD)进行商谈，企业发展局可根据公司规模和对新加坡贡献为企业量身定做优惠配套。

(5)国际船运企业优惠：拥有或运营新加坡船只的国际航运公司，可以申请10年免征企业所得税的优惠，最长期限可延长到30年。申请企业应具备以下条件：是新加坡居民公司；拥有并运营一定规模的船队；在新加坡的运营成本每年超过400万新元；至少10%的船队(或最少一只船)在新加坡注册。此类优惠项目由新加坡海运管理局(MPA)负责评估。

(6)金融和财务中心奖励：此项政策是为鼓励跨国企业在新加坡设立金融和财务中心(FTC)，从事财务、融资和其他金融服务业务。金融和财务中心从事符合条件的活动取得的收入，可申请享受10%的企业所得税优惠税率，为期10年，最长可延长到20年。

(7)研发业务优惠：为鼓励企业加大研发力度，新加坡政府规定，自2009估税年度起，企业在新加坡发生的研发费用可享受150%的扣除，并对从事研发业务的企业每年给予一定金额的研发资金补助。

(8)国际贸易商优惠：为鼓励全球贸易商在新加坡开展国际贸易业务，对政府批准的“全球贸易商”给予5～10年的企业所得税优惠，税率减低为5%或10%。此项优惠项目由新加坡国际企业发展局(IES)负责评估。

此外，新加坡还对部分金融业务、海外保险业务、风险投资、海事企业的行业给予一定的所得税优惠或资金扶持。

**(三)新加坡吸引FDI的优势**

自2006年以来，在世界银行每年一度的《全球营商环境报告》中，新加坡经商环境一直高居全球榜首，被世界银行称为“世界上最容易做生意的地方”。世界经济论坛《2012—2013年全球竞争力报告》显示，新加坡在全球最具竞争力的144个国家和地区中，排名第2位。新加坡投资环境的吸引力主要体现在5个方面：地理位置优越、基础设施完善、政治社会稳定、参与全球贸易自由化程度高、法治健全政府廉洁。

1. 地理位置优越

新加坡位于马来半岛的最南端、马六甲海峡出入口，北隔柔佛海峡与马来西亚毗邻，南隔新加坡海峡与印度尼西亚相望。马六甲海峡是重要的国际航运水道，重要性可与苏伊士运河和巴拿马运河相比。它是印度洋与太平洋之间的重要通道，连接了世界上人口众多的三个大国：中国、印度与印度尼西亚，也是西亚石油到东亚的重要通道，经济大国日本视马六甲海峡为其“生命线”。每年约有5万艘船只通过马六甲海峡，占了世界海上贸易的1/5到1/4的份额，世界1/4的运油船经过马六甲海峡。新加坡在马六甲海峡的入海口扼住了太平洋与印度洋的航运通道，更是连接欧、亚、非三洲的海上交通枢纽，自古以来就是海上交通要道，素有“远东十字路口”及“东方直布罗陀海峡”之称。新加坡是世界上最繁忙的港口和亚洲主要转口枢纽之一，还是世界最大燃油供应港口。新加坡地理位置适中，以其为中心的7小时飞行圈覆盖亚洲各主要城市，辐射亚洲28亿人口市场。

2. 基础设施完善

新加坡拥有全球最繁忙集装箱码头、服务最优质机场、亚洲最广泛宽频互联网体系和通信网络。[①]新加坡15%的土地面积用于建设道路，全国形成了以8条快速公路为主线，众多普通道路为支线的公路网络，覆盖全岛每个角落，并且通过两条专门公路与马来西亚相连。截至2011年底，新加坡公路总里程3 412千米，公路密度为每平方千米4.76千米；轨道交通线路总长158.7千米，其中地铁线路146.5千米，轻轨线路28.8千米。新加坡是亚洲地区重要的航空运输枢纽，樟宜机场连续多年被评为世界最佳机场。截至2012年底，100多家航空公司进驻该机场，形成了以新加坡为中心往返60多个国家的250多个城市、每周6 300多个班次的航空网络。以新加坡为中心的海运网络由200多条航线组成，连接123个国家的600多个港口。2012年新加坡到港船舶1.3万艘，处理货运量5.4亿吨，集装箱吞吐量3 165

① 《对外投资合作国别（地区）指南：新加坡》（2013年版），中国商务部网站：http://www.mofcom.gov.cn/

万标箱，海运客运量637万人次。新加坡政府高度重视网络基础设施建设，并将其纳入提升国家知识型经济层次和国际竞争力的发展战略。新加坡电力资源供应充足，可满足本国经济和社会发展需要。

3. 政治社会稳定

独立以来，人民行动党长期执政，政局稳定，政绩突出，地位稳固。新加坡是个多民族国家，也是个多宗教国家。人民行动党对民族问题的重要性一直保持清醒认识，并采取了富有远见的多民族和谐政策，民族之间的相互宽容、尊重、平等、团结已成为一种社会风尚。新加坡政府对国内各种宗教采取平等、中立的立场，实行多元、和谐的宗教政策，保证了各宗教各派别和平共处、相互宽容、共同兴旺的局面，营造了全社会团结合作的和谐氛围，为这个多民族、多宗教、多元文化的移民国家奠定了稳定的政治环境。在新加坡这样一个多族群的城市国家，独立后基本没有发生大的民族冲突，社会安定，井然有序，各个方面快速协调发展，这是"新加坡奇迹"得以实现的重要保障。

4. 参与全球贸易自由化程度高

新加坡于1973年加入《关税和贸易总协定(GATT)》，是1995年1月1日世界贸易组织(WTO)创建时的成员。新加坡是亚太经合组织(APEC)、亚欧会议(ASEM)、东南亚国家联盟(ASEAN)等区域合作组织的成员，也是世界上签订多边自由贸易协定最多的国家之一。新加坡签订的自由贸易协定涵盖了18个地区，其中双边自贸协定涉及24个贸易伙伴，包括秘鲁、中国、美国、日本、韩国、澳大利亚、东盟各国、印度、新西兰、巴拿马、约旦、瑞士、列支敦士登、挪威、冰岛、智利、哥斯达黎加等。目前，美国、新加坡和其他亚太国家正在就泛太平洋伙伴关系协定(Trans-Pacific Partnership，简称TPP)进行谈判，谈判完成后按成员国的国内生产总值计算，TPP将是全球第三大自贸协定。另外，新加坡国际企业发展局在全球20个国家有35个代表处，协助本国企业开拓国际市场，拓展商业网络。

5. 法治健全、政府廉洁

新加坡独立后，为推动社会、经济全面、协调发展，坚持依法治国理念，在重视领袖权威和道德表率作用的基础上，按照本国的"共同价值观"对西方法律加以改造并融进自身特点，从而形成了颇具特色的新加坡法治模式。在新加坡现行法治框架下，法律面前人人平等，任何人不得凌驾于国家与法律之上，并且从法制建设和道德培养两方面入手，培养公民的法治理念。新加坡政治文明重要成就之一，就是人民行动党在长期执政的条件下始终保持廉洁，在"透明国际"组织发表的全球廉洁排名中，截至2013年新加坡连续19年位列前十名。人民行动党通过一系列举措，造就了一支廉洁、高效、精干的执法队伍：通过倡导廉洁之风，树立廉洁意识；建立完善的反腐机制，减少官员腐败的机会；健全社会保障体制，用制度消除和防止腐败的动因。①

## 二、吸收FDI概况

对外投资已经成为新加坡经济增长的重要动力，其在海外源源不断的投资所带来的利润为新加坡的经济增长作出了重要贡献，而这与新加坡政府在其中发挥的引导性作用是分不开的。

### （一）对外投资地区和国别分布

20世纪60年代，新加坡将极为有限的对外直接投资资本主要集中在马来西亚等邻近国家。70年代，新加坡开始将劳动密集型产业向海外转移，逐渐扩大到整个亚太地区。到80年代，新加坡资本开始大量涌入欧美国家，主要对外投资国家是美国、日本、澳大利亚等发达国家。通过对发达国家的投资，特别是对欧美企业的收购，新加坡企业获取了部分尖端技术及市场信息。1981—1989年间，新加坡在外国的直接投资中，亚洲地区比重从

① 毕世鸿编著：《新加坡概论》，广州：世界图书出版公司，2012年版，第225～229页。

76.9%下降到66.9%。比如，1981年，新加坡在马来西亚的企业数占其国外企业总数的63.2%，投资额占其对外直接投资总额的60%，但后期对马来西亚的投资比重从60%降至33%，香港从11.3%升到20%，欧洲从3%增加到6.9%，美国从1.9%增加到5.4%。但是，由于投资经验不足、竞争激烈，新加坡在美欧的直接投资大多效益不佳，有些甚至严重亏损。[①]到90年代，中国、印度、越南等亚太国家逐渐开放市场，并为吸引外资而提供优惠政策，新加坡再度将投资方向转移到亚洲临近国家和地区。新加坡与欧美联合在亚洲国家投资建立工业园，这也成为西方企业投资的落脚点，通过各自优势互补，新加坡的对外投资额为84亿美元，1994年增长至105亿美元，54%的投资流入亚洲，其中在中国的直接投资金额为22.4亿美元。

进入21世纪，发达国家经济增长缓慢，而发展中国家尤其是亚太地区的发展中国家经济增长迅速。针对全球经济环境的此种变化，新加坡仍然坚持将投资重点放在亚洲，还将中南美洲的投资大幅转移至亚洲。新加坡对亚洲投资占其海外投资总额的比重从2001年的48.5%上升到2008年的53.2%，对中南美洲的投资比重从2001年的30%下降到2008年的17.3%。到2008年，新加坡在亚洲的直接投资存量达到1 585.4亿美元，对中南美洲的投资为516.1亿美元，是在亚洲投资存量的1/3。2008年，新加坡在欧洲的投资存量为393.8亿美元，占其海外总投资的13.2%。新加坡对亚洲国家的投资，重点投向了东盟和中国，2008年在东盟的累计投资达到693.9亿美元，主要对马来西亚、泰国、印度尼西亚投资，对越南的投资增长也较快。2010年新加坡对外直接投资总额达4 071.5亿新元，对亚洲的直接投资为2 271.7亿新元，同比增长11.0%。其中，对东盟其他国家的投资为953.9亿新元，占其在亚洲投资总额的41.9%；对中国的投资为705.9亿新元，占其在亚洲投资总额的31.1%，中国广阔的市场成为新加坡投资的重点。

---

① 毕世鸿编著:《新加坡概论》，广州：世界图书出版公司，2012年版，第301页。

表6-11 2001—2010年新加坡的主要对外直接投资(单位：亿新元)

| 国家/地区 \ 年份 | 2001 | 2002 | 2003 | 2004 | 2005 | 2006 | 2007 | 2008 | 2009 | 2010 |
|---|---|---|---|---|---|---|---|---|---|---|
| 亚洲地区 | 640.8 | 703.7 | 767.4 | 853.5 | 1 045.0 | 1 206.4 | 1 498.1 | 1 782.5 | 2 046.4 | 2 271.7 |
| 中国 | 157.2 | 180.4 | 198.2 | 221.8 | 272.5 | 335.2 | 417.9 | 559.3 | 619.9 | 705.9 |
| 东盟 | 264.7 | 307.6 | 347.4 | 394.6 | 478.2 | 551.3 | 682.7 | 756.3 | 862.1 | 953.9 |
| 马来西亚 | 112.4 | 133.2 | 135.9 | 147.3 | 178.8 | 189.2 | 228.3 | 250.5 | 288.3 | 311.7 |
| 印度尼西亚 | 55.9 | 76.6 | 102.9 | 120.2 | 146.3 | 167.3 | 201.7 | 223.5 | 258.2 | 278.1 |
| 中国香港 | 113.7 | 118.4 | 110.6 | 117.7 | 153.2 | 155.8 | 199.7 | 200.5 | 235.1 | 237.5 |
| 泰国 | 45.1 | 41.0 | 47.1 | 72.2 | 85.4 | 130.8 | 169.5 | 192.2 | 204.4 | 218.4 |
| 印度 | 4.9 | 0.1 | 6.3 | 6.5 | 12.6 | 24.9 | 46.4 | 67.4 | 109.3 | 128.6 |
| 欧盟 | 103.4 | 113.4 | 102.1 | 112.3 | 124.5 | 276.0 | 412.2 | 300.9 | 437.8 | 441.6 |
| 美国 | 63.2 | 72.5 | 80.6 | 96.7 | 98.3 | 85.5 | 139.0 | 117.4 | 131.3 | 140.6 |
| 澳大利亚 | 25.2 | 33.3 | 46.5 | 110.8 | 89.4 | 108.7 | 170.7 | 181.2 | 231.9 | 287.9 |
| 总额 | 1 320.7 | 1 471.0 | 1 535.7 | 1 797.4 | 2 020.2 | 2 466.3 | 3 192.1 | 3 141.8 | 3 731.1 | 4 071.5 |

资料来源：Department of Statistics, Ministry of Trade & Industry, Republic of Singapore, Direct Investment Abroad by Country/Region(2001—2010), April 2012.

据新加坡统计局发布的数据，截至2011年底，新加坡吸收外资存量6 509亿新元，约合5 175亿美元；其中，前十大外资来源地分别为美国(579亿美元)、荷兰(525亿美元)、英国(450亿美元)、日本(413亿美元)、瑞士(213亿美元)、印度(191亿美元)、中国香港(184亿美元)、挪威(169亿美元)、马来西亚(121美元)、中国(118亿美元)。联合国贸发会议发布的2013年《世界投资报告》显示，2012年，新加坡吸收外资流量为566.5亿美元；截止2012年底，新加坡吸收外资存量为6 824亿美元。

### (二)对外投资行业分布

20世纪90年代初，新加坡由于国内人工成本不断提高，国内劳动密集型制造业竞争力下降，促使新加坡把大量的劳动密集型制造业转移到国外。与此相对应，新加坡在国外的直接投资有相当一部分是投资在纺织、皮革、木制品、瓷砖和陶瓷等劳动密集型产业上。90年代后期，在继续投资上述产业的同时，随着国内产业结构的进一步升级，新加坡把一部分资本密集型产业也转移到国外，这些产业包括造船、工程、汽车、钢铁等。

进入21世纪以来，随着服务业成为其经济发展的新动力，颇具竞争力的服务业成为新加坡海外投资的主力军。金融保险业是最大的海外投资行业，2010年对外直接投资1 965.02亿新元，占海外直接投资的48.3%；其次是制造业，直接投资额为975.18亿新元，占直接投资的24.0%。新加坡政府通过签署自由贸易协定消除了贸易伙伴的进口关税，并开放了服务业，大力促进投资，保护知识产权，开放政府采购市场等，为新加坡企业拓展海外市场和自由投资提供了一个良好的商业平台。在多数双边FTA协议中，优惠范围不仅包括商品，还包括各种服务，这表明新加坡正不断推动多部门、全方位开放，并获取了新的经济增长点。

**表6–12　新加坡各行业的对外直接投资和所占比例（单位：亿新元，%）**

| 年份 / 行业 | 2006 | 2007 | 2008 | | 2009 | | 2010 | |
|---|---|---|---|---|---|---|---|---|
| 直接投资总额 | 2 466.34 | 3 192.05 | 3 141.77 | 100 | 3 731.12 | 100 | 4 071.52 | 100 |
| 制造业 | 549.37 | 694.84 | 777.30 | 24.7 | 875.72 | 23.5 | 975.18 | 24.0 |
| 金融保险业 | 1 346.31 | 1 789.57 | 1 555.63 | 49.5 | 1 853.02 | 49.7 | 1 965.02 | 48.3 |
| 房地产业 | 100.26 | 141.47 | 226.07 | 7.2 | 262.42 | 7.0 | 331.35 | 8.1 |
| 信息通讯业 | 130.21 | 155.42 | 147.16 | 4.7 | 183.20 | 4.9 | 209.23 | 5.1 |
| 批发零售业 | 131.37 | 149.11 | 101.98 | 3.2 | 147.48 | 4.0 | 168.95 | 4.1 |
| 运输仓储业 | 83.07 | 97.10 | 104.24 | 3.3 | 101.44 | 2.7 | 102.09 | 2.5 |
| 建筑业 | 8.02 | 5.64 | 15.08 | 0.5 | 18.08 | 0.5 | 14.76 | 0.4 |
| 其他 | 117.73 | 158.90 | 214.31 | 6.8 | 289.76 | 7.7 | 304.94 | 7.5 |

资料来源：Department of Statistics, Ministry of Trade & Industry, Republic of Singapore, Singapore's Investment Abroad 2010, April 2012, p.7.

### （三）与中国的投资关系

1. 双向投资

新加坡与中国双向投资活跃。2012年新加坡上升为中国第三大外资来源地，当年对华投资项目698个，实际投资63亿美元。截至2012年底，新加坡在中国投资项目累计20 231个，实际投资累计达593亿美元。新加坡对中国投资的主要领域是：制造业、金融、房地产、能源和基础设施、物流、污水处理等。目前，新加坡国际企业发展局在中国大陆的北京、上海、广州、成都、重庆、武汉、西安、大连、青岛等9个城市设立办事机构；新加坡经济发展局则在上海、北京、广州、成都和武汉设立办事机构，为促进中新双向投资和贸易提供服务。

表6–13 中国吸收新加坡直接投资统计（单位：亿美元）

| 年份 | 实际利用外资金额 | 比重（%） |
| --- | --- | --- |
| 2003 | 20.6 | 3.85 |
| 2004 | 20.1 | 3.31 |
| 2005 | 27.7 | 4.46 |
| 2006 | 22.6 | 3.25 |
| 2007 | 31.8 | 3.81 |
| 2008 | 44.35 | 4.80 |
| 2009 | 38.86 | 4.32 |
| 2010 | 54.28 | 4.46 |
| 2011 | 60.97 | 4.54 |
| 2012 | 63.05 | 4.63 |

资料来源：《对外投资合作国别（地区）指南：新加坡》（2013年版），中国商务部网站：http://www.mofcom.gov.cn/

近年来，中国企业赴新加坡投资呈快速增加趋势，新加坡已成为中资企业开拓国际市场的前沿阵地。据中国商务部统计，2012年当年中国对新加坡直接投资流量15.19亿美元。截至2012年底，中国对新加坡直接投资存量123.83亿美元。据新加坡方面统计，至2013年4月已有超过7 000家中国公司在新加坡设立分公司或代表机构。在新加坡的中资企业主要分布于海洋运输、航空运输、建筑与房地产、金融、能源、贸易、科技、法律与会计、新闻出版、旅游与酒店餐饮、教育咨询等十几个领域，主要企业有：中远控股（新加坡）有限公司、中国国际航空公司新加坡经营部、中国建筑（南洋）发展有限公司、中国银行股份有限公司新加坡分行、中国航油（新加坡）股份有限公司、南洋五矿实业有限公司、华旗资讯（新加坡）私人有限公司、新加坡中国旅行社等。

2.承包劳务

据中国商务部统计，2012年中国企业在新加坡签订承包工程合同77份，新签合同20.65亿美元，完成营业额28.80亿美元；当年派出各类劳务人员37 365人，年末在新加坡劳务人员77 505人。新签大型工程的承包项目有：青建集团股份有限公司承建的星河湾公寓、中国京冶工程技术有限公司承建的新加坡义顺7道项目、中国建筑工程总公司承建的狮城综合发展项目等。

**表6–14　中国同新加坡承包劳务统计（单位：万美元，人）**

| | 对外承包合同 | | 对外劳务合作 | |
|---|---|---|---|---|
| 年份 | 合同额 | 营业额 | 当年派出人数 | 年末在外人数 |
| 2003 | 76 387 | 49 933 | 17 670 | 81 446 |
| 2004 | 100 676 | 65 626 | 25 072 | 73 846 |
| 2005 | 97 320 | 76 758 | 25 802 | 74 682 |
| 2006 | 77 098 | 83 253 | 31 320 | 84 713 |

续表

| | 对外承包合同 | | 对外劳务合作 | |
|---|---|---|---|---|
| 年份 | 合同额 | 营业额 | 当年派出人数 | 年末在外人数 |
| 2007 | 151 803 | 87 439 | 29 384 | 86 343 |
| 2008 | 221 816 | 132 048 | 40 411 | 88 254 |
| 2009 | 193 330 | 199 893 | 29 083 | 83 664 |
| 2010 | 205 105 | 226 734 | 32 626 | 86 343 |
| 2011 | 229 331 | 288 006 | 32 365 | 77 505 |
| 2012 | 206 437 | 288 006 | 37 365 | 77 505 |

资料来源:《对外投资合作国别(地区)指南:新加坡》(2013年版),中国商务部网站:http://www.mofcom.gov.cn/

# 第三节　经济特区的发展

## 一、商业园和特殊工业园

新加坡境内的商业园和特殊工业园种类和数量众多。商业园有:国际商业园、樟宜商业园、资讯园。特殊工业园有:石油化学类的裕廊岛;晶圆厂房类的淡滨尼、巴西立、兀兰;先进显示器工业园的淡滨尼;生物医学类的大士生物医药园,生物科技园;物流类的樟宜机场物流园、裕廊岛化工物流园;食品类的麦波申、大士。科技企业家园有:裕廊东的企业家园、新加坡科学园、红山—新达城科技企业家中心、莱市科技园。

新加坡是城市国家,实行全国统一的税收制度,对外资也实行国民待遇,上述园区内无特殊税收优惠政策,各个园区主要是根据区内产业发展的特点而建,区内相关产业的配套基础设施比较完备,可发挥产业集群效应。

## 二、海外工业区

1. 印度尼西亚巴淡岛、民丹岛工业区

巴淡岛工业区，距新加坡20千米，仅1小时船程。土地面积1 570平方千米，总人口99.1万，现有外资企业894家。民丹岛工业区，距新加坡50千米，70分钟船程。土地面积1 866平方千米，总人口约50万，现有外资企业23家。

巴淡岛和民丹岛工业园区都具有完备的基础设施和较低的制造成本，主要适合电子加工业、服装鞋帽、玩具等轻工业以及钢铁、钻油等重工业，还可发展贸易、旅游和转运。属于自由贸易区，无进口税，无销售税与奢侈品税，免增值税；可享有东盟特惠关税，享有与52个国家签署的避免双重征税协议优惠，与33个国家达成普惠制协议，允许100%海外控股，无外汇管制。

2. 马来西亚伊斯干达开发区

马来西亚政府于2006年11月推出伊斯干达开发区（Iskandar Development Region，简称IDR），它是马来西亚目前着力打造的境内最庞大的发展计划。马来西亚政府计划将IDR打造成马来西亚半岛南部最发达的地区，以及居住、娱乐、环境和商业完美融合的国际化大都市。

IDR位于马来半岛南部的柔佛州，包括南柔佛的新山、哥打丁宜和笨珍等数个地区，占地2 217平方千米。IDR陆海空交通方便，与新加坡隔柔佛海峡相望，距离亚洲的主要城市（如班加罗尔、迪拜、香港、首尔、上海、台北、东京）仅6～8个小时飞行航程。从IDR通过公路到吉隆坡仅3个小时车程，距新加坡樟宜国际机场仅55分钟车程。IDR人口约135万，人均国内生产总值（GDP）约1.48万美元。目前新加坡是该地区最大的外资来源地，一些经济学家将IDR与新加坡的关系誉为深圳之于香港。①

目前伊斯干达开发区的经济支柱为制造业和服务业。根据马来西亚拟

① 《对外投资合作国别（地区）指南：新加坡》（2013年版），中国商务部网站：http://www.mofcom.gov.cn/

定的全面发展计划，除继续加强电子电器、石油化工与油脂化工、食品与农业加工、物流及相关服务业和旅游业这五大领域外，伊斯干达开发区还将把医疗保健、教育、金融以及信息产业定为新的增长领域。伊斯干达开发区的重点规划项目包括物流枢纽、国际教育中心、医疗中心、金融中心等。马来西亚鼓励投资的优惠措施主要包括公司所得税和投资税负减免、进口税及销售税减免等。

由于新加坡土地资源有限，生产成本较高，新加坡政府鼓励企业赴上述临近的海外工业区投资。企业如在上述园区投资设厂，可将区域总部、管理中心、研发中心、营销中心等设立在新加坡，即可降低生产成本，也可充分利用新加坡在物流、金融、税收、知识产权保护等方面的优势条件。

# 参考文献

## 一、中文文献


[1][新加坡]李光耀:《经济腾飞路——李光耀回忆录》，北京：外文出版社，2001年。

[2][新加坡]《联合早报》编:《李光耀40年政论选》，北京：现代出版社，1994年。

[3][新加坡]玛丽恩·布拉沃·贝辛著，赵菁译:《文化震撼之旅——新加坡》，北京：旅游教育出版社，2008年。

[4][新加坡]苏瑞福著，薛学了、王艳等译:《新加坡人口研究》，厦门：厦门大学出版社，2009年。

[5][新西兰]尼古拉斯·塔林著、贺圣达等译:《剑桥东南亚史》(第1—2卷)，昆明：云南人民出版社，2003年。

[6][英]W·C·赫夫著，牛磊等译:《新加坡的经济增长——20世纪里的贸易与发展》，北京：中国经济出版社，2001年。

[7]蔡天仁、王丽:《新加坡经济发展成就的启示》,《黑龙江社会科学》，1997年第6期。

[8]陈祖洲:《试论新加坡国民意识的形式》,《江苏社会科学》，2002年第2期。

[9]高伟浓:《新加坡旅游业的新发展》,《东南亚研究》，1993年第1期。

[10]方军祥、李波:《种族和谐的新加坡》,《当代世界》, 2004年第4期。
[11]李阳琇:《新加坡双语教育政策及其社会效果评析》,《现代教育论丛》, 1999年第3期。
[12]廖小健:《近期新加坡华人经济展望》,《华人华侨历史研究》, 2003年第4期。
[13]刘少华:《新加坡的生存政策与对外关系》,《世界历史》, 2000年第4期。
[14]卢光盛:《新加坡的多元民族政策》,《东南亚纵横》, 1998年第3期。
[15]卢正涛:《新加坡领导人的国家至上观》,《当代亚太》, 2003年第9期。
[16]阮岳湘:《论新加坡人民行动党的多种族文化民主原则》,《湘潭师范学院学报(社会学科版)》, 2002年第5期。
[17]宋宁娜:《新加坡的多元文化与教育》,《苏州大学学报(哲学社会科学版)》, 1999年第3期。
[18]汪祷、于银杰:《新加坡的产业特色》,《亚太经济》, 2004年第1期。
[19]王融:《新加坡经济体制的性质和特点》,《当代亚太》, 2002年第4期。
[20]王文钦:《宗教和谐与民族团结——新加坡宗教文化和宗教政策刍议》,《世界宗教文化》, 1997年第1期。
[21]韦红:《新加坡解决民族问题的有效途径——多元一体化》,《中南民族学院学报(哲学社会科学版)》, 1999年第1期。
[22]余建华:《在多元包容中繁荣发展——新加坡民族和睦的成功之举》,《世界经济研究》, 2003年第10期。
[23]郑清良:《小国大外交——新加坡大国平衡战略的形成与演变》,《东南亚纵横》, 2005年第1期。
[24]许先国:《新加坡高科技产业发展的政府行为分析》,《经济师》, 2004年第4期。
[25]高伟浓:《新加坡制造业增长动因分析》,《东南亚纵横》, 1993年第4期。
[26]汪慕恒:《新加坡的炼油工业》,《南洋问题研究》, 1994年第2期。
[27]卢光盛:《新加坡的多元民族政策》,《东南亚纵横》, 1998年第4期。

[28]谢美华:《近20年新加坡的中国新移民及其数量估算》,《华侨华人历史研究》, 2010年9月第3期。

[29]莫欣德·辛格:《新加坡陆路交通系统发展策略》,《城市交通》, 2009年第6期。

[30]陶嘉顺:《新加坡的海运及其发展特点》,《水运管理》, 1996年第11期。

[31]王霞、乔秀文:《奇迹背后的战略远见——新加坡航空公司的成功之道》,《空运商务》, 2008年第19期。

[32]胡明婕:《新加坡旅游业发展阶段及特点研究》, 华东师范大学硕士论文, 2010年。

[33]伍琴琴、刘连银:《进入新世纪以来新加坡旅游业发展战略研究》,《东南亚纵横》, 2009年第7期。

[34]蔡磊:《新加坡共和国经济贸易法律选编》, 北京:中国法制出版社, 2006年。

[35]蔡锡梅:《世界列国国情习俗丛书——新加坡》, 重庆:重庆出版社, 2007年。

[36]畅征:《小国伟人李光耀》, 北京:学苑出版社, 2005年。

[37]陈岳、陈翠华:《李光耀——新加坡的奠基人》, 北京:时事出版社, 1990年。

[38]郭建军:《新加坡外向型经济全球化进程(1965—2010)》, 北京:社会科学文献出版社, 2012年。

[39]郭俊麟:《新加坡的政治领域与政治领导》, 台北:生智文化事业有限公司, 1998年。

[40]金鹰达:《世界拼图——新加坡》, 海口:南海出版公司, 2007年。

[41]孔建勋等:《多民族国家的民族政策与族群态度——新加坡、马来西亚和泰国实证研究》, 北京:中国社会科学出版社, 2010年。

[42]梁文松、曾玉凤:《动态治理——新加坡政府的经验》, 北京:中信出版社, 2010年。

[43]梁英明:《东南亚史》, 北京: 人民出版社, 2010年。

[44]梁英明、梁志明等著:《东南亚近现代史(上下册)》, 北京: 昆仑出版社, 2005年。

[45]刘长昆、项怀诚:《新加坡财政制度》, 北京: 中国财政经济出版社, 1999年。

[46]刘仁伍:《东南亚经济发展地图(2007)》, 北京: 社会科学文献出版社, 2008年。

[47]刘仁伍:《东南亚经济运行报告(2009)》, 北京: 社会科学文献出版社, 2009年。

[48]鲁虎:《列国志·新加坡》, 北京: 社会科学文献出版社, 2004年。

[49]吕元礼:《亚洲价值观: 新加坡政治诊释》, 南昌: 江西人民出版社, 2002年。

[50]米良:《东盟国家宪政制度研究》, 昆明: 云南大学出版社, 2006年。

[51]毕世鸿编著:《新加坡概论》, 广州: 世界图书出版广东公司, 2012年。

[52]孙景峰:《新加坡人民行动党执政形态研究》, 北京: 人民出版社, 2005年。

[53]汪慕恒:《当代新加坡》, 成都: 四川人民出版社, 1995年。

[54]韦红:《东南亚五国民族问题研究》, 北京: 民族出版社, 2003年。

[55]魏炜:《李光耀时代的新加坡外交研究(1965—1990)》, 北京: 社会科学出版社, 2007年。

[56]徐歌:《新加坡: 阳光照耀鱼尾狮》, 南宁: 广西民族出版社, 2006年。

[57]许心礼:《新加坡》, 上海: 上海辞书出版社, 1983年。

[58]杨峻:《新加坡的骄傲——李光耀》, 北京: 北京图书馆出版社, 1997年。

[59]曾玲:《越洋再建家园——新加坡华人社会文化研究》, 南昌: 江西高校出版社, 2003年。

[60]张青:《出使新加坡》, 北京: 中央文献出版社, 2002年。

[61]张书:《新加坡金融制度》, 北京: 中国金融出版社, 1997年。

[61]郑维川:《新加坡治国之道》，北京：中国社会科学出版社，1996年。
[63]周溢潢:《李光耀》，杭州.浙江人民出版社，1997年。
[64]中国现代国际关系研究所民族与宗教研究中心:《周边地区民族宗教问题透视》，北京：时事出版社，2002年。
[65]《对外投资合作国别(地区)指南：新加坡》(2013年版)。

## 二、外文文献

[1]Evangelos A.Afendras, Eddie C.Y.Kuo.*Language and Society in Singapore*. Singapore University Press, 1980.
[2]Jason Tan S.Gophinathan, Ho Wah Kam.*Education in Singapore: A Book of Readings*.Prentice Hall, 1997.
[3]Jon S.T Quah, Chan Heng Chee, Seuh Chee Meow.*Government and Politics of Singapore*. Oxford University Press, 1985.
[4]Raj Vasil, *Asianising Singapore: The PAP's Management of Ethnicity*. Heinemann Asia, 1995.
[5]Singapore Census of population.2000 Advanced Data Release No.4 — Economic Characteristcs of Singapore Resident Population—(SDOS), 2000.
[6]Department of Statistics, Ministry of Trade & Industry, Republic of Singapore.Singapore in Figures 2012, 2012.
[7]Department of Statistics, Ministry of Trade & Industry, Republic of Singapore.Yearbook of Statistics Singapore 2012, 2012.

## 三、网站

[1]新加坡政府网站：http://www.gov.sg/
[2]新加坡统计局网站：http://www.singstat.gov.sg/

[3]新加坡贸易与工业部网站：http：//www.mti.gov.sg/
[4]新加坡经济发展局网站：http：//www.edb.gov.sg/
[5]新加坡财政部网站：http：//app.mof.gov.sg/
[6]新加坡旅游局网站：http：//www.yoursingapore.com/
[7]联合早报网：http：//www.zaobao.com/
[8]东盟百科信息网：http：//asean.zwbk.org/
[9]世界银行：http：//worldbank.org.cn/
[10]中国驻新加坡大使馆网站：http：//www.chinaembassy.org.sg/chn/
[11]中国驻新加坡大使馆经济商务参赞处网站：http：//sg.mofcom.gov.cn/index.shtml
[12]中国新加坡经贸合作网：http：//www.csc.mofcom-mti.gov.cn/
[13]中国商务部网站：http：//www.mofcom.gov.cn/
[14]中国民族宗教网：http：//www.mzb.com.cn/
[15]中国网：http：//news.china.com.cn/
[16]人民网：http：// people.com.cn/
[17]中国—东盟博览会官方网站：http：//www.caexpo.org/
[18]新华网：http：//news.xinhuanet.com/
[19]中国新闻网：http：//www.chinanews.com/

# 后　记

新加坡是东南亚的新兴发达国家，也是中国重要的东南亚近邻国家之一。独立后，新加坡立足实际，因地制宜，利用有效的资源，做最大的发展，取得了巨大成就。现今的新加坡局势稳定，环境优美，经济繁荣，政府廉洁高效。新加坡主体民族与中国南方地区汉族同文同种，相互交往历史源远流长。进入21世纪，中新两国在政治、经贸、文化、教育等领域的友好合作不断加强，表现出全方位、深层次的良好发展势头。

本课题组在借鉴国内外学界对新加坡研究成果的基础上，追踪新情况新变化，编著出《新加坡经济社会地理》。本书在撰写过程中，注重事实描述与分析评论相结合，历史与时效相结合，图表数据和文字解释相结合，力求做到内容系统、论述完整、资料新颖。本书共分为六章，系统论述了新加坡的自然地理、经济区划、人口地理、农业的发展和布局、工业的发展和布局、交通运输业、旅游业、对外贸易、外国直接投资等问题。我们希望本书能使读者了解有关新加坡经济社会地理的基本情况和最新信息，为中新两国进一步交往提供准确翔实的参考。

本书由华南农业大学衷海燕、大连海事大学钟一鸣编著，负责全书写作框架的拟定，指导全书的撰写、统稿和审稿工作。衷海燕撰写了第一章，华南农业大学钟继军撰写了第二、六章，钟一鸣撰写了第三、四、五章。作为新加坡经济和社会方面的国情普及读物，本书适合大学本科生和硕士研究生参考使用，也可供一般读者了解新加坡经济与社会文化知识。

本书从课题规划、提纲设计、内容撰写到出版编辑的全过程，得到了中国出版集团世界图书出版广东有限公司的大力支持。在本书的写作过程中，课题组广泛参考并吸收了国内外学者的主要研究成果及其观点，并得到了国内外诸多同行的热情相助，华南农业大学人文与法学学院的黎诗、曾培培协助收集资料、制作表格，在此一并表示感谢。由于作者水平有限，书中难免错误和不足之处，恳请各位专家批评指正。

作　者

2014年10月

于华南农业大学